Jetzt entscheide ich!

Petra Begemann

Jetzt entscheide ich!

So werden Sie ein erfolgreicher Chef
Die Rezepte der Führungsprofis

Eichborn.

Mein herzlicher Dank gilt allen Interviewpartnern, die mir ihre knapp bemessene Zeit opferten und sich auf einen Gedankenaustausch zum Thema »Führung« einließen. Dieses Buch lebt von ihren Erlebnissen und Erfahrungen im Führungsalltag und wäre ohne sie nicht möglich gewesen. Ein Dankeschön auch an den Eichborn Verlag, der sich für dieses Projekt begeistern konnte, und insbesondere an Frau Simone Kreuzberger für ihre kompetente Betreuung. Ein besonderer Dank schließlich an meinen Mann – beim nächsten Buch wird alles anders! (Zumindest, was die Gestaltung der Wochenenden angeht …)
Petra Begemann

1 2 3 4   04 03 02

© Eichborn AG, Frankfurt am Main, September 2002
Umschlagkonzeption: Christina Hucke
Redaktion: Ulrich Callenberg
Satz: Fuldaer Verlagsagentur, Fulda
Druck und Bindung: Fuldaer Verlagsagentur, Fulda
ISBN 3-8218-3821-3

Verlagsverzeichnis schickt gern:
Eichborn Verlag, Kaiserstraße 66, D-60329 Frankfurt / Main
www.eichborn.de

Inhalt

Ihr Chef: Wie Sie den eigenen Vorgesetzten überzeugen

Ihre Kollegen: Wie Sie die Zusammenarbeit optimieren

Frau und Führung: Womit Chefinnen zu kämpfen haben

Sachaufgaben: Wie Sie den Alltag managen

Vorwort

Der größte Internetbuchhändler verzeichnet zum Thema »Führung« weit über 500 Titel. Warum sollten Sie gerade *dieses* Buch kaufen? Vielleicht, weil es sich nicht auf die graue Theorie beschränkt, sondern von der Praxiserfahrung erfahrener Führungskräfte ausgeht. Fünf Männer und zwei Frauen aus unterschiedlichen Branchen – Banken, Medien, Industrie – berichten ausführlich von ihren Führungserfahrungen: Was fiel ihnen besonders schwer? Vor welchen Einstiegsfehlern können sie nur warnen? Wo liegen die Fallstricke im Kreis der Führungskollegen? Wo stehen die Fettnäpfe beim Umgang mit dem eigenen Chef? Was ist ihr Erfolgsrezept in Sachen Motivation, Delegation oder Zeitmanagement? Ihre Einschätzungen und konkreten Erlebnisse fließen immer wieder in dieses Buch ein – ergänzt durch theoretisches Hintergrundwissen und praktische Tools (etwa Checklisten und Tipps).

Wenn Sie also auf der Suche nach den neuesten, ultimativen Führungsrezepten sind, ist dieses Buch vermutlich nichts für Sie. Ich bezweifle allerdings, dass es so etwas überhaupt gibt – oder je geben wird. Eine Skepsis, die meine Interviewpartner übrigens teilen, denn die Mitarbeiter, die Unternehmen, die Situationen sind schlicht zu verschieden, um über einen Kamm geschoren werden zu können. Wenn Sie jedoch ein Buch suchen, das nah am Führungsalltag segelt und Ihnen manches verrät, was Sie vielleicht gerne wüssten, Ihren eigenen Chef aber nie zu fragen wagten, liegen Sie hier richtig.

Viel Erfolg bei der spannenden Aufgabe der Menschenführung und hoffentlich auch ein wenig Spaß beim Lesen.

Petra Begemann

Führungsprofis geben Auskunft: Die Interviewpartner im Überblick

Für dieses Buch habe ich ausführliche, mehrstündige Interviews mit erfahrenen Führungskräften unterschiedlicher Branchen geführt. Einige der Gesprächspartner zogen es vor, anonym zu bleiben – zugunsten einer offenen Stellungnahme in sehr persönlichen oder auch brisanten Fragen. In diesen Fällen verwende ich fiktive Namenskürzel.

Klaus Schwope (34 Jahre) ist **Creative Director in einer der international führenden Werbeagenturen Frankfurts.**
Karrierestationen: Ausbildung zum Werbekaufmann – Juniortexter – Texter bei Leo Burnett, Frankfurt – Seniortexter bei Lowe & Partners, Düsseldorf – Group Head – Creative Director.
Seine Aufgabe seit gut 3 Jahren: für große, globale Konzernkunden anspruchsvolle Kreativkonzepte zu entwickeln sowie seine 10 Mitarbeiter täglich immer wieder zu kreativen Höchstleistungen anzuspornen. Mit seinem Teampartner aus dem Art-Bereich gewann Schwope nicht nur eine Reihe von Neukunden, sondern sammelte in jüngster Vergangenheit auch einige Kreativpreise.

Frank Spandl (38 Jahre) ist im **Vorstand der Homola AYH Projektmanagement AG** verantwortlich für IT, Qualitätsmanagement, strategische Ausrichtung, Marketing und Personal.
Karrierestationen: Ausbildung zum Bauzeichner – Mitarbeit in verschiedenen Architekturbüros – Architekturstudium – Junior-Projektleiter bei Homola AYH – sukzessive Übernahme der Verantwortung für die Bereiche IT, Qualitätsmanagement – Mitglied des Key Staff Gremiums – zum 1.01.2000 Berufung in den Vorstand. Mit zwei Vorstandskollegen lenkt er seitdem das Unternehmen, das Bauprojekte beträchtlicher Größenordnung betreut und in Deutschland 100 Mitarbeiter beschäftigt.

Thomas B. (40 Jahre) ist **Mitglied des Vorstandes einer größeren Kreditgenossenschaft.**
Karrierestationen: Nach dem Abitur 2 Jahre bei der Bundeswehr – Ausbildung zum Bankkaufmann – Mitglied der Revisionsabteilung – Wechsel zu einem kleineren, regionalen Kreditinstitut – nach 4 Jahren dort stellvertretender Abteilungsleiter – 2 Jahre später Abteilungsleitung (35 Mit-

arbeiter) – Prokura – 1997 Berufung in seine jetzige Position als Vorstandsmitglied.

Seine Aufgabe: Zusammen mit zwei Vorstandskollegen hat er das Bankhaus mit heute 600 Mitarbeitern durch einen schwierigen Fusionsprozess geführt. Er ist zuständig für den Bankbetriebsbereich, für Qualitätssicherung, Kreditsanierung, Revision und Rechnungswesen. Sechs Bereichsleiter berichten direkt an ihn.

Werner M. (41 Jahre) ist **Programmleiter in einem mittelständischen Publikumsverlag.**

Karrierestationen: Ausbildung zum Buchhändler – Studium Germanistik und Geschichte mit Magister-Abschluss – Trainee in einem führenden Ratgeberverlag – dort Verkaufsleiter – Assistent des Verlagsleiters – Redaktionsleiter – nach 5 Jahren in dieser Position Wechsel in die Programmleitung eines Mitbewerbers.

Seine Aufgabe: Er entwickelt mit einem Team von 14 festen und 10 freien Mitarbeitern nicht nur Bücher, sondern auch Experimentierkästen und Kalender.

Dr. Monika S. (45 Jahre) ist promovierte Chemikerin und war 10 Jahre lang in leitender Position in einem **Großunternehmen der Chemiebranche** mit weltweit 2500 Mitarbeitern tätig.

Karrierestationen: Promotion in Chemie – Einstieg in der Patentabteilung des Unternehmens als Assistentin des Abteilungsleiters – mit 30 Jahren **Leiterin des Technischen Kundendienstes** (20 Mitarbeiter) – mit 33 Jahren **Leiterin der Marketingabteilung** (bis zu 40 Mitarbeiter) – nach 6 Jahren in dieser Position Wechsel in die Öffentlichkeitsarbeit (Stabsfunktion).

Ihre Aufgabe: Als Leiterin des »Technischen Kundendienstes« verantwortlich für die Qualitätskontrolle der Produktion und Betreuung von Industriekunden, als Marketingleiterin darüber hinaus für Preis- und Mengenverhandlungen.

Paula S. (40 Jahre) war von 1991–2002 als **Personalleiterin** tätig.

Karrierestationen: Studium der Soziologie – Trainee-Programm Personal im Handel – Personalleitung in einem mittelständischen Maschinenbauunternehmen – Personalleiterin für Personalentwicklung und Personalgrundsatzfragen in einem Medienkonzern – **Bereichsleiterin Personal eines internationalen Industrieunternehmens** mit weltweit knapp 4000 Mitarbeitern – seit Februar 2002 selbstständige Unternehmensberaterin.

Ihre Aufgabe im letzten Unternehmen: Führung des Personalbereichs mit 46 Mitarbeitern. Fünf Abteilungsleiter waren ihr direkt unterstellt.

Dr. Jürgen Lürssen (47 Jahre) ist seit 1999 Professor für Marketing an der Fachhochschule in Lüneburg und Autor des Buches »Die heimlichen Spielregeln der Karriere« (Campus Verlag 2001).
Karrierestationen: BWL-Studium – Marketingassistent, dann Junior-Produktmanager in einem deutschen Großunternehmen der Konsumgüterindustrie – nebenberufliche Promotion – 1989 Wechsel zur deutschen Tochter eines französischen Konsumgüterkonzerns, dort Produktmanager, später **Marketing-Direktor Deutschland** mit 7 Mitarbeitern, schließlich 1995–1999 **Alleingeschäftsführer der Schweizer Tochtergesellschaft** (19 Mitarbeiter), erfolgreiche Sanierung dieser Firma in einer schwierigen wirtschaftlichen Situation.

Schlüsselqualifikationen:
Was für den Führungserfolg wichtig ist

*Auf eigentümliche Weise ist die Vorstellung in die Welt gekommen,
Manager (…) müssten eine Kreuzung aus einem antiken Feldherren,
einem Nobelpreisträger für Physik und einem
Fernseh-Showmaster sein.*
FREDMUND MALIK: FÜHREN, LEISTEN, LEBEN.
MÜNCHEN 2001

Der Supermann-Komplex

Fachlich versiert, aber auch sozial kompetent; durchsetzungsfähig, dabei jedoch teamorientiert; organisatorisch geschickt, gleichzeitig auch flexibel
und innovativ; belastbar und robust, aber auch sensibel für die Belange der
Mitarbeiter – so etwa stellt sich der Personalleiter von heute den idealen
Führungsnachwuchs vor. In der Praxis scheint die Zahl der Superfrauen und
Supermänner, die diesem ambitionierten Profil gerecht werden, indes ziemlich begrenzt zu sein: Nach einer Forsa-Umfrage wünscht sich jeder Vierte
einen anderen Chef[1]; das Meinungsforschungsinstitut Gallup meldet gar:
»84 Prozent der Arbeitnehmer in der Bundesrepublik verspüren keine ech-
te Verpflichtung ihrer Arbeit gegenüber« und nennt als zentrale Ursache
»schlechtes Management«.[2]

In der Führungspraxis läuft da offensichtlich einiges schief, und ehrgeizige Idealprofile, die in aufwendigen Auswahlverfahren vom Assessment-
Center bis zum mehrtägigen Unternehmensworkshop zum Einsatz kommen, erweisen sich nicht gerade als effektiv bei der Stellenbesetzung. Kaum
jemand kann reinen Gewissens den Gesamtkatalog erwünschter Tugenden
für sich reklamieren (jedenfalls nicht mehr, nachdem die Workshop- oder
AC-Tür sich am letzten Abend hinter einem geschlossen hat), und da tut es
ganz gut, aus berufenem Munde wieder auf den Boden der Tatsachen geführt zu werden. Der eingangs zitierte Managementtheoretiker Fredmund
Malik plädiert in seinem Bestseller *Führen, Leisten, Leben* dafür, sich von
der Vorstellung einer guten Führungskraft als »Universalgenie« zu verabschieden, und setzt stattdessen auf mehr Pragmatismus.

Perfekte Führungskräfte gibt es nicht – es kann sie auch deshalb kaum geben, weil in unterschiedlichen Unternehmenssituationen und Unternehmenskulturen unterschiedliche Eigenschaften gefragt sind: In einem straff geführten Maschinenbauunternehmen, das wirtschaftlich ins Trudeln geraten ist, wird ein entschlossener »Sanierer« mit hoher Durchsetzungskraft gefragt sein, in einem Kulturinstitut mit hoch qualifizierten, langjährigen Mitarbeitern eher ein sensibler »Moderator«. Über einen festen Katalog von Führungseigenschaften zu reden scheint da eine fragwürdige Simplifizierung – und in der Tat setzen die befragten Führungsprofis ganz unterschiedliche Schwerpunkte, wenn man sie nach den Voraussetzungen für eine Führungsposition fragt.

Einschätzungen aus der Führungspraxis

Für dieses Buch habe ich Interviews mit sieben Führungskräften – zwei Frauen und fünf Männern im Alter zwischen 33 und 47 Jahren – geführt, allesamt erfahrene Vorgesetzte aus verschiedenen Branchen, vom Buchverlag über Bankwesen bis zur Bauprojektierung. Auf die Frage, was wichtig für den Führungserfolg sei, antworten sie:

»Man muss für einen Führungsjob wie für jeden Job gewisse Grundvoraussetzungen mitbringen. Man muss beispielsweise bereit und willens sein, sich zu exponieren. Wenn man damit ein grundsätzliches Problem hat, ist das schlecht. Also bereit sein, sich nach vorne zu stellen, bereit sein, kontroversen Situationen auch standzuhalten, bereit sein, sich auch mal durchzusetzen.« (Frank Spandl, Vorstand Homola AYH Projektmanagement AG)

»Wichtige Führungseigenschaften liegen für mich sehr stark auf der motivationalen Ebene. Gerade im Kreativbereich ist es ungeheuer wichtig, dass man immer wieder positive Ansatzpunkte findet, auch wenn Leistungen auf den ersten Blick noch nicht das Gelbe vom Ei sind. Dann das Team wieder aufzubauen und einen Weg zu weisen, wie es weitergehen könnte, es aus diesem Tief herauszuführen, ist ganz entscheidend. Die kreative Welt ist ein sehr sensibler Bereich: Jemand, der kreativ ist, gibt viel von sich preis, gibt Einblick in seine Gedankenwelt, seine Gefühlswelt. Man kann Menschen da sehr schnell vor den Kopf stoßen oder verletzen. Ich denke, von einer Führungskraft ist deshalb vor allem Sensibilität gefragt.« (Klaus Schwope, Creative Director in einer international führenden Werbeagentur)

»Als Führungskraft darf man nicht unklar sein. Man kann beliebt oder unbeliebt sein, man kann Dinge richtig oder falsch machen, aber eines kann man sich nicht leisten: Unklarheit. Das erfordert natürlich, dass man sich selbst über einige Dinge klar ist, denn das kann man nicht vorspielen – das muss man ausstrahlen. Und man muss eine gewisse Gelassenheit haben – man darf keine Angst haben. Auch das funktioniert natürlich nur, wenn man wirklich gelassen ist. Ich habe in den ersten Jahren viel Angst gehabt – vor Entscheidungen, vor Situationen: Was passiert, wenn das und das passiert? Davon wird man nie völlig frei, aber das muss man abbauen, denn das strahlt man aus.« (Werner M., Programmleiter in einem mittelständischen Publikumsverlag)

»Ich denke, man muss ziemlich strukturiert sein, sonst kann man anderen keine klaren Vorgaben geben und das Ganze wird ein Drahtseilakt mit Vorlieben. Außerdem denke ich, dass alle, die versuchen, eine Führungsposition nur über Intrigen oder Machtkämpfe zu halten, früher oder später scheitern. (…) Außerdem muss man entscheidungsfähig sein, seine eigene Linie finden. Man muss Position beziehen, man kann nicht für alles Arbeitskreise gründen. Dadurch wird man natürlich auch angreifbarer, aber man sollte immer deutlich wahrnehmbar sein für andere.« (Dr. Monika S., langjährige Marketingleiterin in einem großen Chemieunternehmen)

Besonderheiten der Branche und individuelle Erfahrungen schwingen unweigerlich in der Antwort auf die Frage nach den zentralen Führungseigenschaften mit. Und doch gibt es einen gemeinsamen Nenner. »Sich exponieren«, »sich nach vorne stellen«, »einen Weg weisen«, »nicht unklar sein«, »entscheidungsfähig sein«, »Position beziehen« – letztlich kreisen all diese Begriffe um eine entscheidende Grundvoraussetzung für den Führungsjob: *die Führungsrolle wirklich annehmen, die damit verbundene Verantwortung nicht scheuen.* »Wer erwartet, dass andere ihm auf seinem Weg folgen, muss bereit sein, die Führung zu übernehmen«, hat Helmut Schmidt einmal gesagt, und das gilt offensichtlich nicht nur in der Politik.

Wer sich für eine Führungslaufbahn entscheidet, ist nicht länger einer unter vielen, er (oder sie) steht vorne und damit bis zu einem gewissen Grad auch allein. Man tauscht die ›Nestwärme‹ des Teams (wenn denn das Klima im Team tatsächlich positiv war) gegen mehr Gestaltungsmöglichkeiten, aber auch mehr persönliche Distanz. Insbesondere, wenn man vom Kollegen zum Chef befördert wird, kann das ein schmerzlicher Übergang sein (vgl. Seite 30 ff.), denn spätestens, wenn die erste unpopuläre Entscheidung droht, wird die Einsamkeit unweigerlich größer. Das muss man ertragen. Im Gegenzug winken mehr Eigenständigkeit, die Chance, eigene Vorstellungen zu verwirklichen, tiefere Spuren zu hinterlassen. »Die Möglichkeit zu gestalten«, macht für Frank Spandl den Reiz seiner Vorstandsposition aus, und auch Creative Director Klaus Schwope unterstreicht: »An vorderster Front zu stehen und Dinge mitzugestalten, die irgendwann draußen jeder kennt, war für mich ein sehr großer Anreiz, eine verantwortliche Position in einer Werbeagentur anzustreben.«

Mit dem Wechsel in eine Führungsposition tauschen Sie also nicht einfach weniger Freizeit gegen mehr Gehalt, mehr Status, mehr Prestige – Sie tauschen vor allem mehr Gestaltungsmöglichkeiten und mehr Verantwortung gegen weniger Alltagsruhe und Geborgenheit im Team. Das müssen Sie wollen und mit Leben füllen.

Erfolgreich ausfüllen werden Sie diese neue Rolle nur, wenn es Ihnen gelingt, zwei Momente unter einen Hut zu bringen, die in der Führungsliteratur oft als »Aufgabenorientierung« und »Mitarbeiterorientierung« gegenübergestellt werden. *Alleine* können Sie als Führungskraft nichts bewegen. Kern Ihrer neuen Aufgabe ist es, Ziele mit und durch Ihre Mitarbeiter zu verwirklichen. Gestaltungsmöglichkeiten zu sehen und diese zu ergreifen ist das eine, Ihr Team in die Realisierung solcher Möglichkeiten einzubinden das andere. »Ganz entscheidend ist, dass man seine Fürsorgepflicht gegenüber den Mitarbeitern nicht vernachlässigt. Auch wenn man eine Führungsposition wegen seiner fachlichen Qualifikation bekommt: Wenn man erst einmal in der Position ist, muss man beweisen, dass man auch die eigentlichen Führungsaufgaben bewältigt. Einer der größten Fehler, den man machen kann, ist, sich hinter seinen Sachaufgaben zu verschanzen, weil der Arbeitsdruck sehr hoch ist, und darüber die persönliche Komponente zu vernachlässigen, sich nicht genügend um seine Mitarbeiter zu kümmern«, warnt etwa Klaus Schwope.

Je höher Sie in der Unternehmenshierarchie steigen, desto größer wird der Anteil an Führungsaufgaben, desto weniger werden Sie mit der Lösung fachlicher Aufgaben beschäftigt sein. Auch darauf müssen Sie gefasst und dazu müssen Sie bereit sein. Einfach ausgedrückt: Wenn Sie ungern mit Menschen umgehen, sondern sich lieber hinter Sachaufgaben verschanzen, werden Sie sich schwer tun. »Als Chef hat man schließlich eine Kommunikationspflicht gegenüber dem Mitarbeiter. Wenn ich nicht kommunikationsfähig bin, habe *ich* ein größeres Problem als der Mitarbeiter. Ich vernachlässige eine der wesentlichen Führungsaufgaben, wenn ich mit dem Mitarbeiter nicht mehr reden kann«, bestätigt auch Marketingleiterin Dr.

Monika S. Interesse und Gespür für Menschen haben, nicht an Fachaufgaben kleben, ist daher eine zweite grundlegende Schlüsselqualifikation für den Führungsjob.

Menschen zu mögen, gern mit Ihnen umzugehen – das mag banal klingen, hat aber weit reichende Folgen für das konkrete Führungsverhalten. Bereits in den 50er Jahren formulierte der amerikanische Sozialpsychologe und Professor für Management Douglas McGregor die »Theorie X« und die »Theorie Y« als denkbare Modelle des Führungshandelns. Die »Theorie X« geht davon aus, Menschen seien von Natur aus träge und ohne Ehrgeiz, sie scheuten Verantwortung und müssten daher streng reglementiert und kontrolliert werden. Vertreter der »Theorie Y« dagegen haben ein positiveres Menschenbild – sie setzen voraus, dass Menschen von sich aus motiviert und leistungsbereit sind.[3] Die Theorie X mündet geradewegs in ein System von starren Anweisungen und rigider Kontrolle, während die Y-Theorie auf Zielvorgaben, Delegation von Verantwortung und einen vertrauensvoll-wertschätzenden Umgang miteinander setzt.

McGregor schärft so den Blick dafür, dass »autoritärer« und »demokratischer« (oder »kooperativer«) Führungsstil nicht einfach zwei Paar Schuhe sind, zwischen denen man beliebig wählen kann, sondern dass das eigene Menschenbild das Führungsverhalten wesentlich mitbestimmt. Wer von Argwohn gegenüber der Leistungsfähigkeit und -willigkeit seiner Leute geprägt ist, wird nur schwer aus seiner autoritären Haut können. »Kooperative« Führung ist ohne Vertrauen in die grundsätzliche Leistungsbereitschaft der Mitarbeiter kaum machbar. Dass sich dieses Modell in der Praxis meist als erfolgreicher erweist, bestätigen auch die Erfahrungen der Interviewpartner (vgl. das Kapitel »Ihre Mitarbeiter«).

Fazit aus der Praxis

> Wer die Führungsrolle erfolgreich ausfüllen will, sollte zwei Grundvoraussetzungen mitbringen: die Bereitschaft, sich zu exponieren und tatsächlich »Richtung vorzugeben«, sowie ein Interesse und Gespür für Menschen.
> »Richtung vorzugeben«, Ziele zu formulieren, Entscheidungen zu fällen und zu vertreten, bedeutet Ausfüllen der Führungsrolle auf der sachlichen Ebene.
> Ein Interesse und Gespür für Menschen ist Voraussetzung dafür, die Führungsrolle auf der personellen Ebene auszufüllen und die Aufgabe der Mitarbeiterführung erfolgreich zu bewältigen.

Welche konkreten Eigenschaften sind förderlich, welche hinderlich?

Menschen mögen und keine Scheu haben vor der Verantwortung als Voraussetzung für den Führungserfolg – das ist Ihnen zu allgemein? Verfeinern wir also beide Komponenten weiter, auch wenn wir damit in bedenkliche Nähe zu den eingangs kritisierten Idealprofilen schlittern. Tendenziell wird Ihnen eine Führungsaufgabe umso eher liegen, je mehr der folgenden Eigenschaften Sie sich auf einer Skala von 1 (»wenig ausgeprägt«) bis 5 (»stark ausgeprägt«) zuschreiben:

»Führen heißt Richtung vorgeben« – was Ihnen dabei nützt

	1	2	3	4	5
Analytische Stärke – die Fähigkeit, Probleme/Sachverhalte zu durchdringen	☐	☐	☐	☐	☐
Strategische Begabung – die Fähigkeit, adäquate Lösungsmöglichkeiten zu entwickeln	☐	☐	☐	☐	☐
Entscheidungsfreudigkeit – die Fähigkeit, sich für eine Lösung zu entscheiden	☐	☐	☐	☐	☐
Handlungsorientierung – die Fähigkeit, getroffene Entscheidungen auch umzusetzen	☐	☐	☐	☐	☐
Organisationstalent – die Fähigkeit, Arbeitsabläufe stimmig zu strukturieren	☐	☐	☐	☐	☐
Belastbarkeit – die Fähigkeit, hohen Anforderungen und Zeitdruck standzuhalten	☐	☐	☐	☐	☐
Durchsetzungsstärke – die Fähigkeit, Kontroversen auszuhalten und auszutragen	☐	☐	☐	☐	☐
Selbstbewusstsein – der Glaube an die eigenen Fähigkeiten, sicheres Auftreten	☐	☐	☐	☐	☐

Keine Scheu vor Macht – die Fähigkeit,
die eigene exponierte Rolle anzunehmen

☐ ☐ ☐ ☐ ☐

»Führen heißt, mit Mitarbeitern Ziele zu erreichen« –
was Ihnen dabei hilft

	1	2	3	4	5

Kontaktstärke – die Fähigkeit, auf andere
Menschen zuzugehen

☐ ☐ ☐ ☐ ☐

Kommunikationsfähigkeit – die Fähigkeit,
sich mit anderen reibungsarm zu verständigen

☐ ☐ ☐ ☐ ☐

Rhetorisches Geschick – die Fähigkeit,
mit Sprache zu überzeugen

☐ ☐ ☐ ☐ ☐

Einfühlungsvermögen – die Fähigkeit, Beweg-
gründe/Stimmungen anderer einzuschätzen

☐ ☐ ☐ ☐ ☐

Selbstreflexion – die Fähigkeit, die eigene
Wirkung auf andere abzuschätzen

☐ ☐ ☐ ☐ ☐

Selbstbeherrschung – die Fähigkeit, starke
Stimmungsschwankungen zu kontrollieren

☐ ☐ ☐ ☐ ☐

Konfliktfähigkeit – die Fähigkeit, einen
fairen Interessenausgleich herzustellen

☐ ☐ ☐ ☐ ☐

Kritikfähigkeit – die Fähigkeit, sachlich Kritik
zu üben und Kritik zu ertragen

☐ ☐ ☐ ☐ ☐

Selbstdarstellung – die Fähigkeit,
andere mitzureißen

☐ ☐ ☐ ☐ ☐

Teamorientierung – die Fähigkeit, Gruppen-
prozesse zu initiieren und zu moderieren

☐ ☐ ☐ ☐ ☐

Um es noch einmal zu unterstreichen: Wer sich hier ausnahmslos hohe Werte attestiert, leidet vermutlich an Selbstüberschätzung. In stillen Stunden kennen die meisten Menschen etliche ihrer Schwachpunkte ganz gut. Vielleicht ist Ihr persönlicher Arbeitsstil eher chaotisch, und es passiert Ihnen schon einmal, dass Sie Termine verschwitzen? Vielleicht reagieren Sie in Konfliktsituationen oft heftig und zerschlagen unnötig Porzellan? Oder Sie neigen dazu, unangenehme Entscheidungen auf die lange Bank zu schieben und erst dann aktiv zu werden, wenn es schon fast zu spät ist? Entscheidend ist nicht, keine Schwächen zu haben – was für ein unmenschlicher Anspruch! –, sondern seine Fehler zu kennen und etwas gegen diejenigen zu unternehmen, die sich im Führungsalltag immer wieder als schwerer Hemmschuh erweisen. So gesehen ist die Fähigkeit zur Reflexion der eigenen Person eine dritte entscheidende Voraussetzung für den Führungserfolg.

Zur Selbstreflexion gehört auch, sein Selbstbild hin und wieder auf den Prüfstand zu stellen. Dazu braucht es Feedback von außen, das Sie zum Teil unaufgefordert bekommen – in Form von Lob oder Kritik. Wenn *ein einzelner* Mitarbeiter Ihnen vorwirft, von Ihnen »nie« rechtzeitig informiert zu werden, können Sie das vielleicht noch als Schutzbehauptung abtun, wenn Ihnen das zum wiederholten Mal und von mehreren Seiten passiert, wird es Zeit, in sich zu gehen.

Gute Instanzen, um aktiv Feedback einzuholen, sind Führungskollegen auf gleicher Ebene oder auch der eigene Vorgesetzte. Voraussetzung ist in beiden Fällen natürlich ein offenes, vertrauensvolles Verhältnis – und dass Sie dem anderen grundsätzlich ein adäquates Urteil zutrauen. Eine gute Brücke zum eigenen Chef zu bauen und auf Kollegenebene ein tragfähiges Netzwerk zu installieren sind neben den klassischen Führungsqualitäten zentrale Momente Ihres Erfolgs im Führungsjob.

Sie haben sich in einem wichtigen Meeting nicht durchsetzen können? Sie geraten immer wieder mit einem bestimmten Zulieferer, Kunden, Mitarbeiter aneinander? Sie kommen auf der Außendiensttagung nie so gut an wie der Kollege aus der Nachbarabteilung? Statt im stillen Kämmerlein zu brüten oder die Verantwortung nach dem Motto »Perlen vor die Säue« einseitig überall, nur nicht bei sich selbst zu suchen, bitten Sie jemanden Ihres Vertrauens, der die Situation erlebt hat, um ein offenes Wort.

Erhellend in diesem Zusammenhang ist ein sozialpsychologisches Modell, das Selbstbild und Fremdbild in einen systematischen Zusammenhang bringt, das so genannte JOHARI-Fenster.[4]

	dem Selbst bekannt	dem Selbst nicht bekannt
anderen bekannt	**Quadrant A:** Bereich freier Aktivität	**Quadrant C:** Bereich den blinden Flecks
anderen nicht bekannt	**Quadrant B:** Bereich des Vermeidens oder Verbergens	**Quadrant D:** Bereich der unbekannten Aktivität

Johari-Fenster

Unproblematisch ist der Quadrant A – Eigenschaften und Verhaltensweisen, die uns selbst bewusst und anderen ebenfalls bekannt sind (etwa, dass Sie gut Englisch sprechen oder eher extrovertiert sind). Quadrant B – Eigenschaften, die Sie bewusst vor anderen verbergen – ist da schon heikler: Dass Sie beispielsweise vor jeder Präsentation feuchte Hände und Herzrasen haben, werden Sie lieber für sich behalten. Quadrant D betrifft den Bereich des Unbewussten im tiefenpsychologischen Sinne, zu dem allenfalls ein therapeutischer Zugang möglich ist. Im Zusammenhang mit der Selbstbild/Fremdbild-Diskussion am interessantesten (und sicher auch am beunruhigendsten) ist Quadrant C – er umfasst Verhaltensweisen, die uns selbst nicht bewusst, anderen aber bekannt sind. Vielleicht werden Sie jedes Mal schrill und laut, wenn Sie auf ernsthaften Widerstand stoßen, und lassen so Zweifel an Ihrer Souveränität aufkommen? Vielleicht strapazieren Sie die Geduld Ihrer Zuhörer bei Präsentationen durch umständliche Einführungen und Detailverliebtheit und dürften sich daher über mangelnde Resonanz eigentlich nicht wundern? Den eigenen »blinden Fleck« in der Selbstwahrnehmung zumindest teilweise auszuleuchten ist in Ihrem eigenen Interesse. Und das geht nur im Austausch mit anderen.

Schlüsselqualifikationen

Führungsverantwortung??? – Warnsignale

Gibt es eindeutige Warnsignale, die Sie bei der Übernahme von Führungsverantwortung zögern lassen sollten? Bedenken sind umso eher angebracht,
je mehr der folgenden Äußerungen Sie uneingeschränkt bejahen:

	trifft zu	trifft nicht zu
1. »Wenn ich zahlreiche Dinge parallel erledigen muss, verliere ich schnell den Überblick.«	☐	☐
2. »Am liebsten sind mir überschaubare Aufgaben, die unmittelbar konkrete Ergebnisse bringen.«	☐	☐
3. »Es ist mir wichtig, auf meinem Fachgebiet stets auf dem Laufenden und unter den Besten zu sein.«	☐	☐
4. »Die meisten Menschen arbeiten weniger sorgfältig als ich.«	☐	☐
5. »Am besten geraten die Dinge, die ich selbst erledige.«	☐	☐
6. »Unangenehme Aufgaben schiebe ich gerne länger vor mir her.«	☐	☐
7. »Ehe ich mich falsch entscheide, lasse ich eine Angelegenheit lieber auf sich beruhen.«	☐	☐
8. »Ich trage nicht gern die Verantwortung für wichtige Entscheidungen.«	☐	☐
9. »Am besten geht es mir, wenn ich in Ruhe arbeiten kann und mich nicht ständig mit anderen auseinander setzen muss.«	☐	☐
10. »Mich auf Menschen einzustellen, die ganz anders sind als ich, fällt mir schwer.«	☐	☐
11. »Es passiert mir häufig, dass ich andere vor den Kopf stoße, ohne zu wissen wodurch.«	☐	☐
12. »In Verhandlungen ziehe ich trotz guter Argumente öfter den Kürzeren.«	☐	☐

13. »Kritik zu üben liegt mir nicht besonders,
    auch wenn sie berechtigt ist.«   ☐   ☐

14. »Andere Menschen von Projekten oder Ideen
    zu überzeugen fällt mir schwer.«   ☐   ☐

15. »Jemandem sagen zu müssen, was er tun soll,
    ist mir unangenehm.«   ☐   ☐

16. »Am wohlsten fühle ich mich, wenn ich mich
    eher im Hintergrund halten kann.«   ☐   ☐

Es wird Ihnen nicht verborgen geblieben sein:
- Die Fragen 1. bis 3. zielen auf mangelnde Arbeitsorganisation und hohe Fachorientierung;
- eine Bejahung von 4. und 5. lässt auf einen im Führungsalltag hinderlich hohen Grad an Perfektionismus schließen;
- 6. bis 8. testen ausreichende Handlungsorientierung und Entscheidungsfreudigkeit;
- in 9. bis 11. geht es um Freude am und Gespür im Umgang mit anderen Menschen;
- 12. bis 14. thematisieren rhetorisches Geschick und kommunikative Fähigkeiten;
- 15. und 16. schließlich kreisen um das Sich-Wohlfühlen in der Führungsrolle insgesamt.

So viel zu den »Fußangeln« in der eigenen Person, die Ihren Führungserfolg behindern könnten. Was Ihnen in der konkreten Unternehmenssituation an Fallstricken begegnen kann, ist Thema des nächsten Kapitels.

Ausgangssituationen:
Worauf es beim Einstieg ankommt

Neue Leute dürfen nicht Bäume ausreißen, nur um zu sehen,
ob die Wurzeln noch dran sind.
HENRY KISSINGER

Die Profilierungssorge

Die erste Hürde ist genommen, der Arbeitsvertrag unterschrieben – doch damit ist die neue Position längst noch nicht erobert. Jetzt gilt es, sich zu beweisen, und das ist den meisten Führungskräften nur allzu bewusst. Möglichst schnell zeigen, was in einem steckt, das ist die Hauptsorge vieler im neuen Job. Das beste Mittel, um diese Sorge zu bekämpfen, scheint zu sein: verändern, optimieren, rasch Erfolge vorweisen. Eine bedenkliche Strategie, die nicht immer auf Gegenliebe stößt:

»Ich habe mehrfach die Erfahrung gemacht, dass im Vorstellungsgespräch oft eine große Veränderungsbereitschaft signalisiert wird: ›Wir wollen hier ganz viel ändern und ganz viel umkrempeln, und dafür brauchen wir Sie.‹ Und wenn ich dann vor Ort war und anfing, tatsächlich Dinge zu ändern und umzukrempeln, war die Begeisterung rundherum gar nicht mehr so groß – sooo ernst meinte man es mit dem Ändern dann doch nicht. Ich habe mich viel zu schnell in manche Dinge gestürzt, und ich würde manchmal besser daran tun, erst mal den Ball flach zu halten und zu schauen, ob das wirklich alles sofort sein muss, und mir selbst und den Themen mehr Zeit geben.« (Paula S., Personalleiterin in einem großen Industrieunternehmen)

Wer sich kopfüber in die Arbeit stürzt, übersieht, dass er sich gerade in den »Sandwich-Positionen« im mittleren Management in einem komplizierten Beziehungsgefüge bewegt:

»SANDWICH-POSITION«
MITTLERES MANAGEMENT

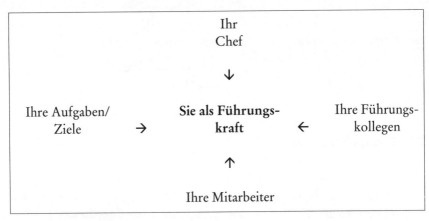

Unternehmenskultur   wirtschaftliche
Situation

Ihr Vorgänger

Als neue Führungskraft sind Sie gleichermaßen gefragt,

- Ihre neue Aufgabe erst einmal kennen zu lernen und mittel- wie lang-
fristige Zielvorstellungen zu entwickeln,
- sich mit Ihrem neuen Vorgesetzten – seiner Person, seinen Erwartungen,
seinen Zielen – zu arrangieren,
- sich im Kreis Ihrer Führungskollegen zu etablieren,
- Ihre Mitarbeiter – deren Qualifikation und Aufgabenbereich, aber auch
deren Erwartungen und Persönlichkeit – kennen zu lernen.

All das spielt sich nicht im luftleeren Raum ab, sondern in einer konkreten
wirtschaftlichen Situation mit eigenen Zwängen und Erfordernissen und ist
außerdem eingebettet in ein kompliziertes Geflecht firmeninterner Normen, Spielregeln und Gewohnheiten, kurz: in eine bestimmte »Unternehmenskultur«. Um die Sache noch weiter zu verkomplizieren, wirft womöglich auch Ihr Vorgänger einen langen Schatten in Sachen Führungsstil. Und
schließlich: Wie ein Unternehmen auf dem Organigramm aussieht und was
es in Leitbildern, Imagebroschüren und offiziellen Statements kommuniziert, ist die eine Sache, die realen Machtstrukturen und die Alltagspraxis
können eine ganz andere Sache sein – siehe auch die Erfahrung von Paula S.
Da mag man sich beispielsweise »Innovationsfreude« ganz offiziell auf die

Fahnen geschrieben haben, intern bremst ein engmaschines Netz von persönlichen Interessen und gegenseitigen Abhängigkeiten tiefer greifende Veränderungen jedoch beharrlich aus. Oder Ihr Vorgesetzter steht zwar für bestimmte Neuerungen ein, hat im Unternehmen jedoch eine schwache Position und kann Sie im Ernstfall kaum stützen. Oder Sie überblicken noch nicht, durch welche Gremien Sie einen Neuerungsvorschlag am besten schleusen und wen Sie im Vorfeld schon auf Ihre Seite bringen müssen. Oder, oder, oder ...

Kurz und gut: Alles spricht dafür, sich in den ersten Wochen und Monaten im neuen Job eher auf Samtpfoten zu bewegen, als forsch drauflos zu marschieren. Ihre wichtigste Aufgabe in der ersten Zeit heißt: Verstehen, was läuft. Das bedeutet nicht etwa Untätigkeit, es bedeutet vor allem aktiv Informationen einholen, zuhören, lernen.

Hinzu kommt ein banales psychologisches Moment: Wer allzu schnell mit Neuerungsvorschlägen vorprescht, entwertet das Bestehende und löst bei den ›Alteingesessenen‹ schon eine fast reflexartige Abwehr aus. »Was oft schief geht, wenn eine neue Führungskraft von außen kommt, ist, wenn sie sofort alles verändern will, also alles infrage stellt, was vorher gemacht wurde. Das ist ein sehr beliebter Fehler, Motto: ›Das machen wir alles anders. Mein Gott, was habt ihr denn bisher gemacht – das kann ja gar nicht wahr sein!‹«, hat Paula S. beobachtet. Wer lässt sich schon gern von einem Neuling, der erst seit kurzem im Unternehmen ist, vorführen, was in der Abteilung X oder im Bereich Y in den letzten zehn Jahren alles falsch gemacht wurde? Dass man sich als »Neuer« dabei schnell eine blutige Nase holt, verdeutlicht Bankenvorstand Thomas B. an einem konkreten Erlebnis:

»Ich bin zum Beispiel beim Einstieg als Gruppenleiter Marktfolge bei meinem zweiten Arbeitgeber gleich am Anfang fürchterlich massakriert worden. Ich hatte dort in den ersten Tagen einen ›revolutionären‹ Vorschlag zur Organisation des Wohnungsbaugeschäftes gemacht. Mir erschien der Ablauf insgesamt ziemlich unorganisiert, zufallsgesteuert, ob jemand einen Termin kriegt oder nicht, welche Unterlagen man noch nachfordert usw. Meine Idee war: Lasst uns doch einen Durchschlagssatz machen, ein Formular, auf dem der Kreditgeber seine Angaben macht und auf dem unten gleichzeitig anzukreuzen ist, welche Unterlagen er noch beizubringen hat und wann der nächste Gesprächstermin ist – ein Vorschlag, den wir übrigens später in weiten Teilen umgesetzt haben. Im Meeting allerdings bezog ich erst einmal von allen Seiten Prügel. ›Das haben wir noch nie so gemacht‹, ›So ein Durchschlagssatz kostet doch Geld!‹, ›Warum sollen wir denn was ändern, wir schreiben doch gutes Geschäft!‹. Und das nicht, weil die Idee schlecht war – sonst hätte man sie später kaum umgesetzt –, sondern weil sie von einem Neuen kam, der im Kreis der Etablierten gleich mit etwas herausplatzt. Und weil ich es versäumt hatte, jemanden im Vorfeld zu überzeugen.«

Wie lange es dauert, bis Sie Ihre Situation einigermaßen einschätzen können, ist von Unternehmen zu Unternehmen, von Aufgabe zu Aufgabe naturgemäß verschieden – und hängt auch von Ihrem Gespür für Menschen und Machtverhältnisse ab. »Man braucht eigentlich mindestens drei bis sechs Monate, bis man sich einen wirklich qualifizierten Überblick verschafft hat«, schätzt Paula S., die als Personalleiterin insgesamt drei Firmenwechsel vollzogen hat.

Fazit aus der Praxis

> Nutzen Sie die ersten Monate im Job, um sich einen fundierten Überblick über Ihre Aufgabe und das Beziehungsgeflecht im Unternehmen zu verschaffen.
> Bevor Sie vorpreschen und »Verbesserungsvorschläge« machen, sollten Sie ausloten, warum Dinge bisher in einer bestimmten Art und Weise gehandhabt wurden.
> Berücksichtigen Sie menschliche Empfindlichkeiten und Eitelkeiten: Von einem »Neuling« lässt man sich nicht gern belehren.

Ausgangskonstellationen und ihre Tücken

Vom Kollegen zum Vorgesetzten

»Meine erste Führungsposition wurde frei, weil mein Vorgänger das Unternehmen verlassen hatte. Es gab einen Kollegen, der kurz nach mir ins Unternehmen gekommen war, ebenfalls Chemiker, deutlich älter (Mitte vierzig), sehr statusbewusst, mit Erfahrung aus einem anderen Chemiekonzern. Dieser Kollege war mit großen Hoffnungen geholt worden und glaubte, die Position schon sicher im Kasten zu haben, erfüllte die in ihn gesetzten Erwartungen aber offensichtlich nicht. Für den war es natürlich unheimlich schlimm, dass mir die Marketingleitung übertragen wurde. Als ich dann seine Vorgesetzte wurde, machte der Mitarbeiter einfach weiter

wie bisher, und die Diskussionen mit ihm waren ziemlich unerträglich.«
(Dr. Monika S., Leiterin Technischer Kundendienst / Marketingleiterin in
einem großen Chemieunternehmen)

Der Schritt vom Kollegen zum Chef ist sicherlich der heikelste Weg in
eine Führungsposition. Sie haben zwar einerseits Heimvorteil – Sie kennen
das Unternehmen, die Strukturen, das politische Parkett – dafür müssen Sie
jedoch einen schwierigen Rollenwechsel ›vor Publikum‹ vollziehen. Beim
Unternehmenswechsel dagegen sind Sie erst einmal ein unbeschriebenes
Blatt. Hinzu kommt: Auch wenn wir uns im Berufsleben nur allzu gern in
der Illusion wiegen, hier gehe es vorwiegend um Ratio und Vernunft, ist ein
solcher Rollenwechsel stark emotionsgeladen – auf beiden Seiten. Auf Seiten Ihrer Ex-Kollegen und jetzigen Mitarbeiter sollten Sie deshalb gefasst
sein auf

- Neid, Missgunst oder sogar offene Feindseligkeit (wenn jemand sich
  selbst Chancen auf die Position ausgerechnet hat),
- Rückzug und Distanzierung (aus Enttäuschung oder Verunsicherung
  darüber, dass Sie ›die Seite gewechselt‹ haben),
- Anbiederei oder überzogene Erwartungen (wenn jemand eben diesen
  Seitenwechsel nicht wahrhaben will und Sie eher als Verbündeten in der
  Chefetage betrachtet).

Sie selbst werden vermutlich schwanken zwischen

- dem Wunsch, die Sympathie und Wertschätzung Ihrer Ex-Kollegen nicht
  zu verlieren, und
- der Sorge, in der neuen Position nicht ernst genommen zu werden/genü-
  gend Autorität zu besitzen.

Die Erfahrung zeigt: Ohne Distanz geht es nicht. Dafür müssen Sie gar
nicht demonstrativ auf Abstand gehen: Die ›Fremdheit‹ zwischen Ihnen
und Ihren Ex-Kollegen wird unweigerlich wachsen, denn die bisherige
Interessengleichheit besteht nicht mehr. Und früher oder später werden
Sie unangenehme Maßnahmen vertreten müssen. Außerdem: Wer will
schon seinen Chef am Tisch sitzen haben, wenn er beim Bier nach Feierabend entspannen und über die Firma lästern möchte? Frank Spandl von
der Homola AHY Projektmanagement AG berichtet über seinen Wechsel
in den Vorstand des Unternehmens: »Ich wurde auch seltener eingeladen
zu solchen (Freizeit-)Aktivitäten; insofern ist man als Führungskraft tatsächlich ›einsamer‹. Das hat mich zunächst ganz unglücklich gemacht, ist
aber ganz zwangsläufig so. Mit der Zeit entwickelte sich durch meinen

neuen Verantwortungsbereich eine Art freundliche Distanz, und das ist auch richtig so.«

Vermutlich ist der Rollenwechsel gerade deswegen so schmerzhaft, weil er eine Entwicklung von relativer Nähe zu mehr Distanz, von Vertrautheit zu mehr Abstand erzwingt. Angenehmer (und gewohnter) ist das Umgekehrte: eine wachsende Nähe, je länger man sich kennt. Vor diesem Hintergrund kann sich gerade ein besonders harmonisches Verhältnis zu den bisherigen Kollegen als Bumerang erweisen, wie Programmleiter Werner M. bei seiner Beförderung zum Redaktionsleiter erfuhr. Seine Antwort auf die Frage, ob es trotz seiner Beliebtheit unter den Redakteuren beim Rollenwechsel Probleme gab, bestätigt das: »Ja – und das eine hängt durchaus mit dem anderen zusammen. Ich habe während meiner Zeit als Assistent des Verlagsleiters ein halbjähriges Praktikum in der Redaktion gemacht. Aus dieser Zeit hatte ich sehr gute persönliche Beziehungen zum Team, wo ich mich sehr wohl gefühlt und ganz gut integriert hatte. Als ich dann Redaktionsleiter wurde, war das zunächst einmal ein Vorteil – ich war nicht unbekannt, ich war nicht unbeliebt – aber gerade bei denen, mit denen ich persönlich besonders gut zurechtgekommen war, gab es die stärksten Brüche, als ich Vorgesetzter war. Ich hatte in der Abteilung zwei Mitarbeiter, die das auch offen thematisiert haben – sie wüssten gar nicht, wie sie mit mir reden sollten, da sie mich eher als Gleichrangigen und nicht als Vorgesetzten wahrnähmen. Auch die Tatsache, dass im ersten halben Jahr meiner Redaktionsleitung eine Teilredaktion mit drei Mitarbeitern nach und nach das Haus verlassen hat, hat sicherlich damit zu tun – auch wenn ich es damals noch nicht so gedeutet habe, weil Kündigungsgründe ja selten offen genannt werden. Damit hatte ich überhaupt nicht gerechnet.«

Was können Sie also tun, um Ihren Wechsel in die Führungsposition so reibungslos wie möglich zu gestalten? Der schlichteste Rat zuerst: Geben Sie den Leuten ein wenig Zeit, sich an die neue Situation zu gewöhnen, eigene Aversionen oder Unsicherheiten zu überwinden. Außerdem sollten Sie zwei Kardinalfehler vermeiden: Die Versicherung, es werde sich in der Zusammenarbeit nichts ändern (denn das wird es unweigerlich), ebenso wie ein demonstratives Ausspielen der neuen Machtposition aus dem Bemühen heraus, möglichst bald als Chef akzeptiert zu werden. Thomas B., Bankenvorstand: »Ein Fehler, den ich öfter beobachte, ist, dass die Leute eine Kehrtwendung machen, sobald sie Führungskraft sind. Eben waren sie noch Kollege und hatten lauter klasse Leute um sich; und nur, weil sie auf einmal zu deren Vorgesetzten werden, sollen die gleichen Leute plötzlich nur noch auf Druck und Anweisung arbeiten können? Das kann ja wohl nicht stimmen. Man sollte seine Herkunft nicht verleugnen – diese ichbezogenen Besserwisser scheitern alle.«

Aus der Sorge heraus, als Vorgesetzter akzeptiert zu werden, verwechselt manch einer offensichtlich autoritäres Verhalten und persönliche Autorität. Letztere wurzelt im Respekt vor der Person, nicht in der bloßen Position im Firmenorganigramm. Respektiert werden Sie umso eher, je souveräner Sie mit der neuen Situation umgehen. Und die Klippen des Rollenwechsels vorsichtig zu umschiffen ist allemal souveräner, als brachial den Chef herauszukehren. Beziehen Sie das Team in anstehende Entscheidungen ein, werben Sie um Unterstützung, ohne sich anzubiedern. Vermeiden Sie auf jeden Fall voreilige Versprechungen – Sie können schließlich noch gar nicht absehen, was in der neuen Situation überhaupt durchsetzbar und angebracht ist. Die Hoffnung, Sie seien als neuer Vorgesetzter eine Art Interessenvertreter Ihrer Ex-Kollegen, sollten Sie gar nicht erst schüren.

Und die besonders schwierigen Fälle, wie der neidische Konkurrent um die Führungsposition im Eingangsbeispiel? Manchmal heilt auch hier die Zeit Wunden – springen Sie nicht gleich auf jede Provokation an. Verschärft sich das Problem allerdings, etwa weil der schmollende Konkurrent Ihre Arbeit dauerhaft sabotiert oder gar andere Teammitglieder auf seine Seite zu ziehen versucht (»Glauben Sie wirklich, dass der Meier das hier geregelt kriegt?!«), müssen Sie handeln. Vereinbaren Sie ein Treffen unter vier Augen und sprechen Sie das Verhalten offen an. Machen Sie deutlich, dass Ihnen an einer guten Zusammenarbeit gelegen ist, dass Sie sich Intrigen, Leistungsmängel oder das Ignorieren Ihrer Vorgaben jedoch nicht bieten lassen werden. Manchmal kommt es so zu einem reinigenden Gewitter, manchmal rudert der Kontrahent eilig zurück, wenn er auf Widerstand stößt. Wenn Sie mit einer weiteren Eskalation der Situation rechnen, sollten Sie sich vorab die Unterstützung Ihres Vorgesetzten sichern.

Fazit aus der Praxis

> Die Beförderung vom Kollegen zum Chef birgt emotionalen Sprengstoff: Neid, Enttäuschung oder Akzeptanzprobleme auf Mitarbeiterseite; die Frage von Nähe und Distanz beim neuen Vorgesetzten.
> Setzen Sie als neuer Vorgesetzter auf Zeit, geben Sie den Ex-Kollegen Gelegenheit, sich an Ihre neue Rolle zu gewöhnen.
> Vermeiden Sie es, aus Sorge um die eigene Autorität den Boss herauszukehren. Bitten Sie Ihre Mitarbeiter um Unterstützung.

> Akzeptieren Sie, dass Ihre neue Rolle zwangsläufig zu mehr Distanz zu Ihren Ex-Kollegen führen wird. Man kann nicht die Seite wechseln und gleichzeitig die alte Vertrautheit erhalten.
> Reden Sie Klartext mit Mitarbeitern, die Ihre neue Rolle dauerhaft sabotieren: Unterstreichen Sie, dass auf dieser Basis keine Zusammenarbeit möglich ist.

Der lange Schatten Ihres Vorgängers

Wie sind die Kollegen? Wie die Mitarbeiter? Was ist die Aufgabe? Wo will Ihr eigener Vorgesetzter hin? – Fragen, die Sie sich beim Stellenantritt ohnehin stellen werden. Vielleicht nicht ganz so nahe liegend, aber ebenso wichtig: Wie war Ihr Vorgänger? Welchen Führungsstil praktizierte er? War er beliebt oder eher unbeliebt? – All das bestimmt Ihre Ausgangssituation entscheidend mit, zu Ihrem Vorteil oder Nachteil, wie Werner M. erfuhr. Er vergleicht den Start in seinem ersten Führungsjob, der Leitung einer Teilredaktion in einem Sachbuchverlag, mit seinen späteren Erfahrungen beim Aufstieg zum Programmleiter bei einem Mitbewerber:

»Unterschiede beim Antritt der beiden Führungspositionen ergaben sich unter anderem aus den jeweiligen Vorgängern. Beim ersten Verlag war es so, dass mein Vorgänger zwar nicht unbeliebt war, der Wechsel zu mir aber dennoch als notwendige Modernisierung, als Verjüngung empfunden wurde. Das war ein Startvorteil, für den ich gar nichts konnte, der mir aber in der Anfangszeit sehr geholfen hat. Dabei ging es zum Teil um kleine Entkrampfungen, manchmal einfache Formalitäten, die ich ein bisschen anders handhabe, was von den Mitarbeitern sehr dankbar aufgenommen wurde. Beim zweiten Führungsjob war das anders. Hier war ein Vorgänger, der sehr charismatisch war, der eine klare Zweiteilung hinterlassen hatte – entweder man war für ihn oder gegen ihn – und der völlig eindeutig war, sehr straff, dafür aber auch an einem Teil des Teams völlig vorbeigeführt hatte. Die, die damit gut zurechtgekommen waren, haben unter mir anfangs sehr gelitten, sich als ›führungslos‹ empfunden. Und die anderen, die damit Probleme hatten, haben ›Halleluja‹ gerufen und kamen mit meinem offeneren Stil zum Teil gut klar, haben ihn zum Teil aber auch als bloßes Laisser-faire missverstanden. Auf eine solche Polarisierung unter den Mitarbeitern war ich nicht vorbereitet, habe das völlig unterschätzt.«

Ob Sie wollen oder nicht – Ihr neues Umfeld und insbesondere Ihre Mitarbeiter werden Sie unwillkürlich mit Ihrem Vorgänger vergleichen. Je beliebter

nicht der Fall, haben Sie es leichter. Hinzu kommt: Nicht jeder Mitarbeiter
kommt gleich gut mit jedem Chef zurecht, wie auch die Erfahrung von Werner M. zeigt. Meist scharen Vorgesetzte im Laufe der Zeit ein Team von Leuten um sich, das sich mit dem jeweiligen Führungsstil und der Persönlichkeit
des Führenden gut arrangieren kann. Einem sehr autoritären Chef laufen auf
die Dauer die selbstständigen und kreativen Köpfe davon; ein kooperativer
Vorgesetzter zieht gerade diese Personengruppe stärker an (und wird bei der
Personalauswahl auch andere Entscheidungen treffen als sein Kollege). Und
nicht zuletzt spielen natürlich auch persönliche Sympathie und Antipathie
eine Rolle.

Bei einem Führungswechsel führt das schnell zu Irritationen – fast alle
Führungskräfte können von Eigenkündigungen unter den Mitarbeitern in
der Anfangsphase ihrer Tätigkeit berichten. Das muss kein Anlass sein, an
Ihrer Führungsqualifikation zu zweifeln; es kann schlicht an einer mangeln-
den ›Passung‹ von Chef und Mitarbeiter liegen.

Was heißt all das für Ihr Führungsverhalten im neuen Job? Wie weit sollten Sie Rücksicht nehmen auf das, was war? Hüten Sie sich in jedem Fall davor, den Führungsstil oder Maßnahmen Ihres Vorgängers zu kommentieren
oder sich gar auf Diskussionen einzulassen, warum Ihr Weg der bessere ist.
Durch explizite Kritik am Vorgänger bringen Sie die Mitarbeiter, die nach
der Maxime »Früher haben wir das aber anders gemacht!« leben, bestimmt
nicht auf Ihre Seite. Setzen Sie auf Sachargumente *für* die Neuerungen, nicht
auf solche *gegen* die Vergangenheit. Für viele Menschen ist Neues, Unge-
wohntes erst einmal bedrohlich (oder zumindest lästig), und sie brauchen
ein wenig Zeit, sich daran zu gewöhnen.

Einen Führungsstil streift man nicht über wie einen Handschuh, er muss
zu Ihrer Person passen. Eine Übernahme des Vorgängerstils kann also keine
Lösung sein, auch wenn Sie kurzfristig damit die wenigsten Reibungsver-
luste haben. Werner M., der sich mit einem Team konfrontiert sah, das ge-
spalten war in Mitarbeiter, die sich unter sehr straffer Führung wohl gefühlt
hatten, und solche, die sich mehr Eigenständigkeit wünschten, setzte auf
langsame Entwicklung und differenziertes Führungsverhalten. Seinen eigenen Führungsstil umreißt er so: »Vom Wesen her bin ich der klassische Mo-
deratorentyp – zwischen unterschiedlichen Meinungen zu vermitteln, sich
die zunächst einmal anzuhören und dann auch Kompromisse herzustellen,
das liegt mir einfach. Schon in meiner Zeit als Assistent der Verlagsleitung
hieß es in festgefahrenen Situationen öfter: ›Das ist ein Fall für den M. Der
kriegt das hin.‹«

Dieses grundsätzlich demokratische Führungsverständnis verlor er nicht aus den Augen, auch dann nicht, wenn er sich in der konkreten Situation stärker zu einer klaren Ansage durchringen musste: »In Maßen führe ich die Leute schon unterschiedlich. Es gibt eben Mitarbeiter, die verlangen sehr klare Signale, die verlangen auch sehr klare Anordnungen, und das muss man – so ist meine Erfahrung – bis zu einem gewissen Grade bedienen, sonst kommt man mit denen nicht zurecht. Das betrifft zum Beispiel Mitarbeiter, die älter sind oder in anderen ›Kommandostrukturen‹ groß geworden sind. Ich habe dabei schon den Anspruch, das schrittweise zu verändern – ein bisschen zumindest. Aber das ist ein zäher Prozess. Ich habe inzwischen auch gelernt, dass dies nicht zwangsläufig die ›schlechteren‹ Mitarbeiter sind. Und manchmal sind klare Anordnungen ja auch sehr effizient. Und es gibt immer wieder Mitarbeiter, die das nicht brauchen und die an meinen Fragen wachsen. Damit komme ich immer noch am besten klar, aber ich kann das nicht voraussetzen.«

Als Führungskraft agieren Sie nicht im luftleeren Raum; Sie müssen adäquat auf das reagieren, was Sie vorfinden. Dazu gehören auch die Führungserwartungen und Bedürfnisse Ihrer Mitarbeiter. Ein Team, das eindeutige Vorgaben gewöhnt ist, lässt sich nicht von heute auf morgen auf Eigenständigkeit umprogrammieren; eines, dessen bisheriger Vorgesetzter im Sinne eines falsch verstandenen Laisser-faire die Dinge einfach laufen ließ (um der Konfliktvermeidung willen womöglich sogar in die falsche Richtung), wird stärkerer Abstimmung Widerstand entgegensetzen. Sich selbst treu bleiben und dennoch ein breiteres Verhaltensrepertoire entwickeln, wenn es die Situation erfordert, so ließe sich die nötige Gratwanderung skizzieren.

Fazit aus der Praxis

> Wie Ihr Vorgänger geführt und gehandelt hat, bestimmt Ihre Ausgangssituation entscheidend mit.
> Seien Sie darauf gefasst, dass Ihre eigene Handlungsweise – einfach als »andere« – Irritationen auslösen kann (bis hin zu Mitarbeiterkündigungen).
> Vermeiden Sie offene Kritik am Vorgänger, argumentieren Sie sachorientiert.
> Bleiben Sie sich beim Führungsstil selbst treu, berücksichtigen Sie aber auch, dass nicht jeder von heute auf morgen umdenken kann. Überlegen Sie, wie weit Sie auf entsprechende Mitarbeiterbedürfnisse eingehen können (und wollen).

Sind Sie ein ›Konzernmensch‹ oder ein ›Mittelstandsmensch‹? Wenn Sie darüber noch nie nachgedacht haben, sind Sie vermutlich in einer der beiden Kulturen groß geworden und haben das Umfeld bislang nicht gewechselt. Personalleiterin Paula S. kennt beide Seiten; ihr Fazit: »In großen Konzernen (…) bin ich einfach fehl am Platz. Wenn ich mich links und rechts 37 Mal abstimmen muss und alles lange dauert, weil es erst durch zahlreiche Gremien muss, dann geht einfach zu viel Energie verloren. Am besten war ich immer, wenn das Unternehmen mittelständisch geprägt war – also in einer Unternehmensgröße, wo man für jedermann sichtbar ist und auch jeder weiß, wofür man steht.«

Großunternehmen werden gerne mit schwerfälligen Tankern verglichen, die nur sehr langsam die Richtung ändern. Jeder Entscheidung gehen komplizierte und langwierige Abstimmungsprozesse voraus, bei denen eine Reihe von Einzel- und Gremienmeinungen zu koordinieren ist. Der Einzelne fungiert als Rädchen in einer großen Maschinerie, auf die er nur sehr begrenzt Einfluss nehmen kann. Hierarchien spielen einen zentrale Rolle, Abläufe sind streng geregelt. Kleinere und mittelständische Unternehmen gelten demgegenüber als wendiger – die Strukturen sind überschaubarer, die Kommunikationswege direkter, die Einflussmöglichkeiten des Einzelnen größer.

Welche Normen, Werte und Einstellungen den Unternehmensalltag bestimmen und sich beispielsweise in der Offenheit der Informationspolitik, der Förmlichkeit des Umgangs miteinander oder dem Reglementierungsgrad von Abläufen niederschlagen, wird mit dem Stichwort »Unternehmenskultur« umschrieben. Abhängig von der Unternehmensgröße und -situation zeichnen sich dabei systematische Unterschiede ab, die die Unternehmensberaterin Hedwig Kellner in eine hilfreiche Typologie gefasst hat.[5] Die wichtigsten Typen:

- Gründerkulturen
  Junge Unternehmen mit weitgehend chaotischen Strukturen, informellem Umgangston, langen Arbeitszeiten und der Chance auf stürmisches Wachstum ebenso wie der Gefahr, von heute auf morgen vor dem Nichts zu stehen.
- Wachstumskulturen
  Erfolgreiche Gründerkulturen – das Unternehmen wächst, das Chaos bleibt. Die Anonymität wird größer, der Konkurrenzkampf härter. Wie in der Gründerkultur besteht die Chance auf eine schnelle Karriere – Ellenbogen und einen guten Draht zum Gründer vorausgesetzt.

- Konzernkulturen
  Eher bürokratische, streng hierarchische Kulturen, in denen es für alles
  und jedes Vorschriften gibt. Der Schwerfälligkeit des Systems stehen rela-
  tive (!) Sicherheit und Planbarkeit des Karrierewegs gegenüber.
- Megakulturen
  … die durch Konzernfusionen entstehen – um den Preis noch größerer
  Unübersichtlichkeit von Machtstrukturen und Entscheidungsprozessen,
  aber mit dem Vorteil umfassender, internationaler Karriereperspektiven.

Zu ergänzen wäre Kellners Systematik durch
- Mittelstandskulturen
  … die im besten Fall das Chaos der Gründerkultur hinter sich gelassen
  haben, ohne der Bürokratisierung einer typischen Großorganisation zu
  erliegen. Eigentümergeführte Unternehmen hängen allerdings stark von
  der Flexibilität und Innovativität der Führungsperson ab.

Damit ist das Feld grob abgesteckt. Kaum jemand ›funktioniert‹ in allen
Umfeldern gleich gut – und sei es nur, weil man eine andere berufliche Sozialisation erfahren hat.

Eine solche Typologie schärft den Blick für allgemeine Strukturen. Sie
sollte Sie allerdings nicht über die Besonderheiten der jeweiligen Unternehmenssituation hinwegtäuschen: Letztlich ist jedes Unternehmen ein Unikat.
Typisch ist hier die Erfahrung von Werner M., der in der Buchbranche von
einem Mittelständler zu einem anderen vergleichbarer Größe wechselte und
dort als Programmleiter sogar eine ähnliche Produktpalette verantwortet.
Auf die Frage nach Unterschieden in der Kultur antwortet er: »Ja, hier ist
die Unternehmenskultur komplett anders. Der letzte Verlag war ein Unternehmen, in dem die Redaktion, überspitzt gesagt, ein ›notwendiges Übel‹
war. Dort bestand eine meiner wesentlichen Aufgaben darin, beim Verleger
darum zum kämpfen, dem Lektorat ein Stück weit den Stellenwert, den es
eigentlich verdient hatte, zu geben. Das ist hier alles gar nicht notwendig.
Unser Geschäftsführer ist der ehemalige Cheflektor, wir sind ein ›Lekto-
ratsverlag‹ (…). Ein weiterer wesentlicher Unterschied: Es geht hier sehr
unhierarchisch zu, sehr gelassen. Es gibt hier beispielsweise so genannte
›Produktmarktteams‹, in denen Mitarbeiter aus Verkauf, Vertrieb und Lektorat gemeinsam Dinge entwickeln … Das verändert auch meine eigene
Rolle: Ich muss mich viel weniger um Details kümmern, das findet vielfach
schon auf dieser Ebene statt. Ich bin andererseits aber auch viel mehr gefor-
dert, Impulse zu setzen, Kontakte zu knüpfen und Richtung zu weisen –

also weniger operativ zu arbeiten. Drittens: Ich habe hier viel mehr Freiheit als im letzten Haus, aber auch viel mehr Verantwortung. Bildlich gesprochen: Wenn beim letzten Verlag ein Abteilungsleiter gehustet hat, hat das die Geschäftsführung kaum interessiert. Wenn ich hier huste, hat das Konsequenzen, weil selbstverständlich vorausgesetzt wird, wenn ein Abteilungsleiter hustet, wird er schon seinen Grund dafür haben – dafür ist er schließlich Führungskraft.«

Auch wenn Sie nicht den Sprung von einer bestimmten Unternehmensgröße oder Branche in eine andere wagen, gilt daher: Welche Spielregeln im neuen Unternehmen gelten, müssen Sie erst herausfinden. Dies betrifft insbesondere:

- den Stellenwert hierarchischer Unterschiede (ob sie eher betont oder im Sinne einer ›großen Familie‹ überspielt werden);
- den Grad der Wettbewerbsorientierung (von einer eher langsamen Gangart bis zu einer ausgeprägten Ellenbogenkultur);
- die Form der Kommunikation (eher schriftlich oder mündlich, eher persönlich/freundlich oder reserviert/formell);
- das Ausmaß der Reglementierung und Bürokratisierung (Gibt es für alles Vorschriften und Formulare oder pflegt man den kleinen Dienstweg?);
- die Informationspolitik (die im günstigsten Fall von Offenheit, im ungünstigsten von Misstrauen und Herrschaftswissen geprägt ist);
- die Werte, die in einem Unternehmen tatsächlich gelebt werden (Wie steht es jenseits des offiziellen Leitbildes um Innovationskraft, Kundenorientierung oder Commitment?) und schließlich
- den Status einzelner Abteilungen oder Personen, d.h. die realen Machtverhältnisse jenseits des offiziellen Organigramms (während im einen Unternehmen beispielsweise die Entwicklungsabteilung hofiert wird, kann im nächsten der Vertrieb das entscheidende Wort haben).

Je weniger Sie als selbstverständlich voraussetzen, umso besser. Da Menschen dazu neigen, neue Situationen unwillkürlich mithilfe bewährter Muster und Strategien zu bewältigen, ist dies zugegebenermaßen leichter gesagt als getan. Um jedoch im neuen Unternehmen erfolgreich zu sein, müssen Sie sich mit der dort herrschenden Unternehmenskultur anfreunden können. Dauerhaft gegen den Strom zu schwimmen kostet viel Kraft und hat wenig Aussicht auf Erfolg, wenn Sie nicht ganz oben an den Schalthebeln der Macht sitzen. Wenn Sie sich am Ende Ihres ersten Jahres also immer noch fühlen »wie ein Vogel im Aquarium« (um den Ex-Topmanager Daniel

Goeudevert zu zitieren[6]), sollten Sie überlegen, ob Sie tatsächlich am richtigen Platz sind.

Fazit aus der Praxis

> Unter »Unternehmenskultur« versteht man die Normen, Werte und Einstellungen, die den Arbeitsalltag in einer Organisation wesentlich bestimmen.
> Man kann grob zwischen Gründerkulturen, Wachstumskulturen, Konzernkulturen und mittelständischen Kulturen trennen, die sich u.a. im Grad der Bürokratisierung und Reglementierung, in den Möglichkeiten individueller Einflussnahme und im Ausmaß wirtschaftlicher Sicherheit unterscheiden.
> Über diese grobe Typisierung hinaus gelten jedoch für jedes Unternehmen eigene Spielregeln. Beim Neueintritt in eine Organisation sollten Sie daher möglichst wenig ungefragt voraussetzen.
> Um dauerhaft in einem Unternehmen erfolgreich zu sein, müssen Sie sich mit der dortigen Kultur anfreunden können, die sich in der täglichen Kommunikation, in der Informationspolitik, im Umgang mit Hierarchien, in gelebten Werten und realen Machtstrukturen niederschlägt.

Erste Handlungen im neuen Job

Fast jeden beschleicht vor dem Start in einen neuen Job eine gewisse Nervosität – nicht zu Unrecht, denn die ersten Schritte eines Neuzugangs werden mit Argusaugen registriert. Menschen wissen gerne, woran sie sind: Kaum jemand wartet zwei oder drei Monate ab, um sich erst dann ein differenzierteres Urteil über Sie zu bilden. Vielmehr werden Mitarbeiter, Kollegen wie Vorgesetzte Ihre ersten Amtshandlungen als Indiz für Ihre Person, Ihren Charakter, Ihr Führungsverhalten werten. Durch unbedachtes Handeln können Sie daher gerade am Anfang viel Porzellan zerschlagen, das sich hinterher nur mühsam wieder kitten lässt. Einen solchen Fall beschreibt Thomas B., Mitglied des Vorstandes einer größeren Kreditgenossenschaft:

»Wie man durch voreiliges Handeln Fehler macht, konnte ich zu Beginn meiner Laufbahn bei einer neuen Führungskraft im Vertriebsbereich beobachten. Dessen erste Amtshandlung war, seinen Leuten – teilweise noch, bevor sie ihn persönlich kennen gelernt hatten – einen Bogen zukommen zu lassen, auf dem sie schriftlich festhalten sollten, was sie denn vertreiben und in welchen Mengen. Das war zum einen völlig überflüssig, weil es im Unternehmen entsprechende Bemessungssysteme gab, mit denen er sich nicht beschäftigt hatte. Der zweite Fehler: Er hatte nicht bedacht, dass solche Systeme immer auch betriebsratsabhängig sind – er hatte sich also dort einen Schauplatz eröffnet. Und der dritte Fehler: Er hatte seine Leute völlig verunsichert, weil die gar nicht wussten, was mit diesen Angaben passieren soll. Insgesamt also ein Kardinalfehler, mit dem er es in kürzester Zeit geschafft hatte, seine Abteilung gegen sich aufzubringen.«

Wie Sie die neue Aufgabe angehen, zeigt nicht nur, wie planvoll oder kompetent Sie sind; was Sie als Erstes tun, unterstreicht gleichzeitig, was Ihnen persönlich wichtig ist. Das Vorgehen des neuen Vertriebsleiters lässt einerseits Zweifel an seiner methodischen Versiertheit aufkommen. Gleichzeitig aber – und das ist womöglich verheerender – sendet er die Botschaft aus: ›Mir kommt es vor allem auf Zahlen an. Meine Mitarbeiter sind mir nicht wichtig.‹ Je nach persönlichem Naturell werden seine Mitarbeiter alles Mögliche in sein Verhalten hineininterpretieren: Sollen hier jetzt Köpfe rollen? Werden wir jetzt (noch) stärker kontrolliert? Wieso hat er nicht mit mir gesprochen, aber schon mit dem Kollegen X?

Die ersten Aktionen haben Symbolcharakter: Die neue Chefin, die sich intensiv um repräsentativere Büromöbel, Visitenkarten und den neuen Dienstwagen kümmert, ist schnell als ›karrieregeil‹ abgestempelt, der neue Vorgesetzte, der im Büro vergräbt und für niemanden ansprechbar ist, als ›kontaktscheu‹. Was ratsamer ist, skizziert Thomas B.:

»In den ersten zwei, drei Tagen meiner Tätigkeit als Vorstand hier habe ich mich erst einmal mit meiner Aufgabenstellung beschäftigt – also mit dem Kennenlernen der Organisation und meiner Aufgabe auf dem Papier. In der zweiten Runde habe ich dann mit den Mitarbeitern, die mir direkt unterstellt waren, Einzelgespräche geführt – habe die erst mal erzählen lassen, was sie genau machen und wie es bisher lief. Dabei saugen Sie Informationen ohne Ende. Sicher auch subjektiv gefärbte Informationen – Sie sollten sich immer wieder fragen, aus welcher Motivation heraus Ihnen jemand etwas erzählt. Aber nach solchen Gesprächen haben Sie schon mal ein Gesamtbild. Als ich mit den sechs Bereichsleitern gesprochen hatte, die mir hier direkt unterstellt sind, war ich ein ganzes Stück weiter. Genauso wichtig: die Gespräche auf der gleichen Hierarchieebene, mit den direkten Kollegen. Auch dort sollte man sich eher fragend stellen.«

»Informationen saugen« lautet die Schlüsselbotschaft: Nehmen Sie sich Zeit, Ihre neuen Mitarbeiter und Kollegen kennen zu lernen. Dafür genügt es nicht, sich in einem eilig einberufenen Team-Meeting den Mitarbeitern vorzustellen und in hehren Absichtserklärungen auf »gute Zusammenarbeit« zu hoffen; Sie sollten sich schon Zeit nehmen für Einzelgespräche. Erstens erfahren Sie so mehr, und zweitens machen Sie auf diese Weise glaubhaft, dass Ihnen tatsächlich etwas an dem Einzelnen liegt. Und persönliche Wertschätzung ist unbestritten ein wichtiger Motivationsfaktor.

Wie Thomas B. betont, sollte ein solches Kennenlerngespräch nicht in ein Ausfragen des Mitarbeiters (oder gar ein »Verhör«) ausarten – wer Interesse signalisiert und zuhören kann, erfährt in der Regel mehr. Konkrete Punkte, die Sie ansprechen können, um das Gespräch in Gang zu bringen, finden Sie in der Checkliste »Kennenlerngespräch«.

Checkliste: Kennenlerngespräch mit den Mitarbeitern

Voraussetzungen/Qualifikationen des Mitarbeiters
- Seit wann sind Sie im Haus?
- Wie sind Sie zu diesem Beruf gekommen (Ausbildung/Erfahrung)?

Das Arbeitsgebiet
- Was sind Ihre Aufgaben? Wofür sind Sie verantwortlich?
- Wer sind Ihre Kunden im Unternehmen? Mit welchen Abteilungen arbeiten Sie besonders intensiv zusammen?
- Wer sind Ihre Kunden außerhalb des Unternehmens?
- Was gefällt Ihnen besonders an Ihrem Job? Was weniger gut?
- Gibt es irgendwelche Probleme oder Schwierigkeiten, von denen ich wissen sollte?

Persönliche Stärken
- Gibt es Aufgaben, die Ihnen besonders gut von der Hand gehen? Bereiche, in denen Sie gern mehr tun würden?
- Gibt es Arbeitsbereiche, die Sie eher als lästig empfinden?

Unterstützung durch den Vorgesetzten
- Welche Erwartungen haben Sie an mich als Vorgesetzten?
- Was kann ich tun, um Sie in Ihrer Arbeit möglichst wirkungsvoll zu unterstützen?

Allgemeines
- Gibt es irgendetwas, was Sie sonst noch loswerden möchten?

Das Studium von Projektunterlagen und Akten sowie Gespräche mit Ihren Führungskollegen und Ihrem Vorgesetzten runden das Bild von Ihrer neuen Aufgabe ab. Auch hier gilt: Zuhören und Nachfragen hat Vorrang vor eiligen Profilierungsversuchen. Dies trifft im Übrigen auch auf die ersten Meetings zu. Nirgendwo können Sie die Fraktionen und Machtverhältnisse im Unternehmen besser studieren, nirgendwo können Sie sich aber auch rascher den Mund verbrennen (zu Meetings vgl. Seite 115 ff.).

Betrachten Sie Ihren Vorgesetzten besonders in der Anfangszeit als natürlichen Verbündeten: Er hat Sie mit eingestellt und ist daher an Ihrem Erfolg interessiert – wenn Sie scheitern, wirft das schließlich auch ein merkwürdiges Licht auf seine Urteilsfähigkeit. Bei Fragen, Problemen, Unklarheiten sollten Sie daher gezielt das Gespräch mit ihm suchen (zur Rolle des eigenen Vorgesetzten vgl. Seite 81 ff.).

Fazit aus der Praxis

> Setzen Sie mit Ihren ersten Aktionen die richtigen Signale: Lernen Sie erst einmal Ihre Mitarbeiter und Kollegen kennen.
> Bemühen Sie sich, möglichst rasch ein konkreteres Bild Ihrer Situation zu gewinnen. Dazu gehören das Einlesen in relevante Unterlagen und regelmäßige Gespräche mit Ihrem eigenen Vorgesetzten.
> Hören Sie Ihren Gesprächspartnern aufmerksam zu und sammeln Sie Informationen. Bilden Sie sich vor diesem Hintergrund Ihre eigene Meinung.
> Vermeiden Sie Schnellschüsse, mit denen Sie unabsichtlich meist nur Porzellan zerschlagen.

Ihre Mitarbeiter: Warum einfache Rezepte versagen

Erstklassige Chefs haben erstklassige Mitarbeiter,
zweitklassige Chefs ertragen nur drittklassige Leute.
ANONYM

Wacklige Krücken: Führungstheorien

Wundermittel Kooperativität?

»Es gibt nicht *die* Form der Führung, weil es ja nicht *den* Menschen gibt. Wenn Sie den uniformen Menschen hätten, wäre es einfach.« Thomas B., Bankkaufmann und mit 36 Jahren in den Vorstand einer mittelständischen Bank berufen, legt den Finger in die Wunde: Die Wirklichkeit ist bunter, als all die schönen Führungstheorien wahrhaben wollen. Was nützen alle »kooperativen« Vorsätze, wenn ein Mitarbeiter konsequent mauert? Was bringen attraktive Entwicklungsperspektiven, wenn sich jemand lieber nach Feierabend verwirklicht? Einige Beispiele aus der Praxis:

»Was ich erst sehr mühsam gelernt habe, ist, dass es in der Bandbreite an Mitarbeitern immer einige gibt, die klarere Orientierung als andere brauchen – dass da einer vorangeht, der signalisiert: ›Ich weiß, wo es langgeht, folgt mir mal.‹« (Werner M., Programmleiter in einem mittelständischen Publikumsverlag)

»Mitarbeiter gleich zu behandeln funktioniert nicht. Jemanden, der sehr korrekt ist beispielsweise, der gute Leistung bringt und sich immer wieder selber motiviert, den brauche ich bei einem Fehler nicht noch zu fragen, wie denn das passieren konnte (›Wie konnten Sie nur!?‹); der grämt sich selber schon genug. Aber es gibt ja auch die Leute, deren Fell so dick ist, dass sie ohne Knochen stehen können. So jemand bringt es fertig, denselben Fehler dreimal zu machen, und auch beim dritten Mal noch charmant zu lächeln und leichthin zu sagen: ›Oh, ist schon wieder schief gegangen – das tut mir jetzt aber Leid.‹ Da muss man wirklich deutlich werden – das Maß ist voll – und darauf hinweisen, was für Konsequenzen anstehen, wenn das noch mal passiert.« (Paula S., Personalleiterin in einem großen Industrieunternehmen)

»Es gab die älteren Sachbearbeiter in meiner Abteilung, die am liebsten nichts verändern wollten. Ich habe zu Anfang einfach vorausgesetzt, die wollten weiterkommen, und habe diese Mitarbeiter damit schlicht überfordert. Einer wurde permanent krank, ein anderer reagierte völlig verstockt. Im Gespräch mit den Mitarbeitern stellte sich dann raus, dass sie sich von meinem Tempo und von den neuen Anforderungen völlig überrannt fühlten. Sie hatten Angst, meinen Ansprüchen nicht zu genügen, und letztlich auch Angst, ihren Arbeitsplatz zu verlieren. Das passiert, wenn man mit Dampf neu startet und denkt, alle wollen das Gleiche wie man selbst.« (Dr. Monika S., langjährige Marketingleiterin in einem großen Chemieunternehmen)

Drei Branchen, drei Aufgabenbereiche, eine Erfahrung: Mitarbeiter sind höchst unterschiedlich, einfache Führungsrezepte sind daher zum Scheitern verurteilt. Dennoch wird seit Jahrzehnten Kooperativität als Allheilmittel gepriesen. Zur Erinnerung: *Der kooperative Führungsstil* basiert auf der Beteiligung der Mitarbeiter an Entscheidungsprozessen. Dies setzt eine umfassende Informationspolitik des Vorgesetzten voraus, der Vorschläge und Meinungen der Mitarbeiter einholt und ihre Einwände bei der endgültigen Entscheidungsfindung berücksichtigt. Wer kooperativ führt, bezieht seine Mitarbeiter aktiv ins Geschehen ein – ihre Auffassungen ebenso wie ihre beruflichen Zielvorstellungen und Interessen. Er setzt auf Förderung und schafft Möglichkeiten zur persönlichen Weiterentwicklung, durch umfassende Delegation von Aufgaben, durch Weiterbildungsmöglichkeiten, durch einen offenen, partnerschaftlichen Umgang miteinander.

Mit dem kooperativen Stil kontrastiert der *autoritäre Führungsstil*, der ein strenges Regiment von Befehl und Gehorsam errichtet. Wichtige Entscheidungen werden allein durch die Führungskraft getroffen; die Mitarbeiter sind ausführende Organe, strikten Kontrollmechanismen unterworfen und arbeiten weitgehend unselbstständig. Innerhalb der Hierarchie erfolgt Kommunikation im Wesentlichen von oben nach unten; Beiträge und Vorschläge der Mitarbeiter sind kaum erwünscht und nicht entscheidungsrelevant.

Die Nachteile des autoritären Stils liegen auf der Hand: Die Führungskraft bringt sich in die Rolle eines allwissenden ›Befehlshabers‹, der auf Anregungen und Beiträge seiner Mitarbeiter – und damit auf die umfassende Nutzung ihrer Kompetenzen – verzichtet. Sie riskiert außerdem, gerade die besonders kompetenten Mitarbeiter durch die Beschneidung von Gestaltungsfreiräumen dauerhaft zu frustrieren und in die innere Emigration oder in die Kündigung zu treiben: Wer von Kindesbeinen an zum Mitdenken und zu Eigenverantwortung erzogen wurde, gibt diese Eigenschaften nicht plötzlich am Firmentor ab. Viele Aufgabenbereiche sind heute zudem sehr komplex und lassen sich gar nicht bis ins Kleinste ›befehlen‹. Schon aus diesem Grund sind Sie auf mitdenkende Mitarbeiter angewiesen; der hohe wirtschaftliche Druck in fast allen Branchen verstärkt diese Notwendigkeit.

Wer wollte auch ernsthaft ein solches quasi militärisches Regiment in seiner Abteilung errichten? Und dennoch ist es allein mit dem hehren Vorsatz der Kooperativität nicht getan: Dr. Monika S. bot den Mitarbeitern ihrer Abteilung mit besten kooperativen Absichten Entwicklungsmöglichkeiten und erntete Verweigerung; Werner B. wurde mit der Forderung konfrontiert, zu sagen, wo es ›langgeht‹; Paula S. musste forsch und »autoritär« auftreten, um die notwendige Arbeitsqualität durchzusetzen. Es wäre erstaunlich, wenn Ihnen nicht irgendwann einmal Ähnliches widerfährt.

Die Krux: Der kooperative Stil ist nur dann von Erfolg gekrönt, wenn der betreffende Mitarbeiter tatsächlich kooperativ geführt werden will – wenn er genügend Engagement, Selbstständigkeit und Kompetenz in der Sache mitbringt. Die Kernfrage lautet also: Woran erkennen Sie, ob ein Mitarbeiter ›reif‹ genug ist für kooperative Führung? Nach welchen Kriterien entscheiden Sie, ob direktere Vorgaben und Anweisungen erforderlich sind?

Fazit aus der Praxis

> Allein mit dem Vorsatz, »kooperativ« zu führen, werden Sie im Führungsalltag nicht bestehen. Kooperative Führung lebt auch von der Bereitschaft des Mitarbeiters zur Kooperation, setzt Engagement und Verlässlichkeit der anderen Seite voraus.

Situativ führen: Blanchards Führungsmodell

Hilfestellung in der Frage des ›richtigen‹ Führungsstils bietet Kenneth Blanchard, einer der bekanntesten Managementtheoretiker. Sein Credo: »Wirkungsvolleres Management durch situationsbezogene Menschenführung«.[7] Der situative Ansatz lehnt die These von dem einen, allein selig machenden Führungsstil ab und plädiert für eine mitarbeiterorientierte Differenzierung des Führungsverhaltens. Dabei unterscheidet Blanchard vier »Entwicklungsstufen« von Mitarbeitern und analog dazu vier fundamentale Führungsstile. Maßgeblich für die »Entwicklungsstufe« eines Mitarbeiters sind einerseits seine »Kompetenz«, also seine Kenntnisse und Fertigkeiten im

Hinblick auf eine bestimmte Aufgabe, andererseits sein »Engagement«, das Blanchard als »Kombination aus Selbstvertrauen und Motivation« definiert.[8] Blanchards Modell im Überblick:

Entwicklungsstufe 1 niedrige Kompetenz hohes Engagement	**Führungsstil 1: »Dirigieren«** – präzise Anweisungen an den Mitarbeiter hinsichtlich Ziel und Ausführung einer Aufgabe – stärkere Kontrolle (kurze Zeitabstände)
Entwicklungsstufe 2 einige Kompetenz wenig Engagement	**Führungsstil 2: »Trainieren«** – präzise Anweisungen an den Mitarbeiter hinsichtlich Ziel und Ausführung einer Aufgabe – Einholen von Vorschlägen des Mitarbeiters – Entscheidungen werden mit dem Mitarbeiter besprochen, aber durch die Führungskraft gefällt – stärkere Kontrolle
Entwicklungsstufe 3 hohe Kompetenz schwankendes Engagement	**Führungsstil 3: »Sekundieren«** – der Vorgesetzte unterstützt den Mitarbeiter bei der Durchführung seiner Aufgaben, ermutigt ihn zu eigenverantwortlichem Handeln – Entscheidungen werden gemeinsam gefällt – weniger Kontrolle
Entwicklungsstufe 4 hohe Kompetenz hohes Engagement	**Führungsstil 4: »Delegieren«** – die Verantwortung für Routine-Entscheidungen liegt ganz beim Mitarbeiter – der Vorgesetzte steht bei Bedarf beratend und unterstützend zur Seite – geringe Kontrolle

Blanchards »situatives Führungsmodell«
(nach: Der Minuten-Manager: Führungsstile)

Salopp formuliert: Wie lang oder kurz die Leine ist, an der Mitarbeiter zu führen sind, entscheidet sich bei Blanchard an deren Sachkenntnis und Einsatzwillen. ›Spitzenkönner‹, die sich bestens auskennen und hoch motiviert sind, frustriert man durch Handlungsvorschriften und penible Kontrollen, während fachlich unsichere Mitarbeiter für genaue Anleitungen und stärkere Begleitung durchaus dankbar sind. Mitarbeiter, die neu sind im Unternehmen, oder Mitarbeiter, denen eine neue, anspruchsvolle Aufgabe übertragen wird, nimmt der Vorgesetzte stärker an die Hand, während er den Erfahrenen nur noch bei Bedarf zur Seite steht und ihnen im Alltagsgeschäft ansonsten freie Hand lässt. Und auch wenn ein freundlich-sachliches »Dirigieren« nicht identisch ist mit traditionell autoritärem Gehabe, steht einer guten Führungskraft damit die ganze Palette vom stärker lenkendem Führen über kooperative und partizipative Momente bis zum weitgehenden Laisser-faire zur Verfügung.

Der Anspruch dabei ist, jeden Mitarbeiter in seinem Aufgabenbereich durch Unterstützung und Ermutigung möglichst bis zur vierten Entwicklungsstufe zu führen und damit sukzessive in die weitgehende Selbstständigkeit zu entlassen. Die Führungskraft hilft dem Mitarbeiter quasi, sich freizuschwimmen. Dazu stimmt sie im Vorfeld Ziele und Führungsstil in einem Vereinbarungsgespräch mit ihm ab – eine Transparenz, die gleichzeitig die unterschiedliche Behandlung von Mitarbeitern (oder die unterschiedliche Behandlung eines Mitarbeiters in Bezug auf verschiedene Aufgaben oder Zielvorstellungen) für alle akzeptabel macht.

Der Vorteil des situativen Modells: Es schärft den Blick für verschiedene Facetten der Realität und ermuntert dazu

- gemeinsam mit den Mitarbeitern zielbezogen den jeweiligen Kenntnisstand und das Ausmaß der Unterstützung auszuloten;
- genaue Anleitung und präzise Anweisungen nicht per se als ›überholt‹ abzulehnen, sondern als Möglichkeit, den Mitarbeiter mit einer für ihn schwierigen Aufgabe vertraut zu machen;
- Mitarbeitern gezielt die Chance zu eröffnen, sukzessive selbstständiger zu arbeiten.

So hilfreich das situative Modell ist – es bleibt eine Krücke, denn auch dieser Ansatz blendet notwendigerweise bestimmte Facetten der Wirklichkeit aus. Hohe Kompetenz gepaart mit geringem Engagement beispielsweise kommt bei Blanchard ebenso wenig vor wie die Kombination aus geringer Kompetenz und geringem Engagement. Was ist beispielsweise mit den Menschen, »deren Fell so dick ist, dass sie ohne Knochen stehen können« (Paula S.)?

Was mit denen, »die klarere Orientierung als andere brauchen« (Werner M.)? Versagt dann die Führungskraft bei der ›Entwicklung‹ ihrer Mitarbeiter? Im Einzelfall mag das stimmen. Andererseits: Der situative Ansatz setzt implizit voraus,

- dass der Job für alle Menschen den gleichen Stellenwert besitzt und
- dass jeder sich im gleichen Maße beruflich weiterentwickeln will.

Psychologen sind da skeptisch. Der amerikanische Motivationsforscher Steven Reiss etwa sieht unser Verhalten von 16 »Lebensmotiven« bestimmt: Macht, Unabhängigkeit, Neugier, Anerkennung, Ordnung, Sparen, Ehre, Idealismus, Beziehungen, Familie, Status, Rache, Romantik, Ernährung, körperliche Aktivität und Ruhe.[9] Jeder setzt in seinem Leben andere Schwerpunkte; unser Motivprofil ist so individuell wie ein Fingerabdruck. Wer stark vom Wunsch nach Unabhängigkeit, Status und Anerkennung angetrieben ist, wird sich beruflich stärker engagieren als jemand, der die Werte »Ordnung« (Stabilität, gute Organisation), Familie und Ruhe (Entspannung, emotionale Sicherheit) hochhält. Viele Missverständnisse und Auseinandersetzungen resultieren daraus, dass wir dem anderen die eigenen Lebensmotive unterstellen: Wir setzen voraus, der andere ›ticke‹ genauso wie man selbst. Reiss spricht hier drastisch von »Wertetyrannei«.

Sie haben es als Führungskraft immer mit *Individuen* zu tun, nicht mit Mitarbeitern der Stufe E1 bis E4. Und diesen Individuen werden Sie nur dann wirklich gerecht, wenn Sie sie auch als solche behandeln. Paula S., langjährige Personalleiterin mit zuletzt 46 Mitarbeitern, umschreibt das so: »Man kann nicht alle gleich behandeln, weil jeder anders ist. Mitarbeiter zu führen hat fast etwas von der Aufgabe eines genialen Schäferhundes, der ja auch nur hinter denen herhechtet, die ausscheren, oder die antreibt, die außerhalb der Herde sind und trödeln, der dafür sorgt, dass die Herde zusammenbleibt. Ein Teil unserer Führungsaufgabe ist, dafür zu sorgen, dass das Team zusammenbleibt – zu gucken, wer ist am Rand, wer will durch viel Nähe geführt werden, für wen ist das Arbeitsleben das Zuhause, wer will das nicht. Eigentlich ist Führen ganz schön bunt, und es ist gut, wenn man eine breite Palette von Handlungsmöglichkeiten hat.«

Was bleibt, ist also ein dringendes Plädoyer dafür, jeden Einzelnen in Ihrem Team gründlich kennen zu lernen, keine voreiligen Schlüsse zu ziehen und in Ihrem Führungsverhalten flexibel auf die Situation zu reagieren. Berücksichtigen Sie: Wie engagiert und ambitioniert ist ein Mitarbeiter? Will er weiterkommen, oder hat er das Thema Karriere für sich abgehakt? Welchen Stellenwert hat die Arbeit für jemanden? Wie zuverlässig, gewissenhaft und leistungsorientiert ist jemand? Wie selbstbewusst oder unsicher (wie stark nimmt er seine Interessen selbst in die Hand)? Wie viel Bestätigung braucht er? Was erwartet er von Ihnen als Führungskraft? Im Kennenlerngespräch bei Stellenantritt werden Sie sich einen ersten Eindruck verschaffen; Farbe wird das Bild naturgemäß in der täglichen Zusammenarbeit bekommen.

Dass es bei all der geforderten Flexibilität von Kooperativität bis zu stärkerer Lenkung einen Kern von Führungstugenden gibt, die das Fundament einer guten Zusammenarbeit bilden, ist Thema des nächsten Abschnitts.

Fazit aus der Praxis

> Erfolgreiche Führung setzt Eingehen auf den einzelnen Mitarbeiter voraus: Lernen Sie Ihre Mitarbeiter gründlich kennen; fragen Sie sie, was sie von Ihnen erwarten.
> Mitarbeiter brauchen beides gleichermaßen: Unterstützung/Ermutigung und Lenkung/Richtungsvorgabe. Wie stark Sie die »Richtung vorgeben« müssen, hängt vor allem davon ab, wie neu und ungewohnt eine Aufgabenstellung für den Mitarbeiter ist und wie viel Engagement er generell mitbringt.
> Stimmen Sie mit den Mitarbeitern Ziele und Aufgaben ab, und verständigen Sie sich über das Ausmaß der Kontrolle Ihrerseits. Ermutigen Sie Mitarbeiter zu mehr Selbstständigkeit, wenn Aufgaben gut laufen.
> Gehen Sie davon aus, dass manche Mitarbeiter mehr Unterstützung und direktere Anweisungen brauchen als andere.
> Setzen Sie nicht voraus, dass jeder Mitarbeiter Ihre Vorstellungen von Engagement und beruflicher Entwicklung teilt.

Basics der Führung: Was Mitarbeiter erwarten

Viele Unternehmen renommieren mit aufwendigen Imagebroschüren und hehren Leitbildern – da werden die Mitarbeiter regelmäßig zum »wertvollsten Gut« erklärt, und man schreibt sich die kontinuierliche »Förderung und Entwicklung« jedes Einzelnen auf die Fahnen. Hinter den Kulissen sieht es dennoch oft traurig aus: Frust, Demotivation, Klagen über den Chef gehören für viele zum Berufsalltag, Sprengers Formel von der »inneren Kündigung« ist längst zum geflügelten Wort geworden.[10] Fragt man die Führungsprofis, was bei der Mitarbeiterführung am wichtigsten ist, verweisen sie weder auf ausgeklügelte Personalentwicklungsprogramme noch auf komplizierte Führungstechniken, sondern auf vermeintlich überaus einfache Dinge:

»Am wichtigsten bei der Mitarbeiterführung ist aus meiner Sicht, nicht zu sehr dem Druck des Tagesgeschäfts nachzugeben, sondern für die Mitarbeiter ansprechbar zu bleiben – nicht nur in fachlichen, sondern auch in persönlichen Belangen. Dazu gehört, auch persönlich die Initiative zu ergreifen und nachzufragen, sich zu erkundigen, ob alles in Ordnung ist, ob es Kritik gibt, ob irgendetwas im Argen liegt. Das muss nicht jeden Tag passieren; das passiert bei mir im Schnitt alle drei Monate pro Mitarbeiter ein Mal – auch aus der Erfahrung einiger für mich überraschender Kündigungen heraus.« (Klaus Schwope, Creative Director einer international führenden Werbeagentur)

»Ich war immer der Meinung, dass sich viel Erfolg in der Führung durch Kleinigkeiten ergibt, dass sehr viel über die kleinen Gesten läuft – wo Sie einem Mitarbeiter Selbstbewusstsein geben, wo Sie einem Mitarbeiter dokumentieren, dass Sie seine Probleme lösen helfen, wo Sie persönliche Wertschätzung vermitteln. Bei meiner ersten Bank gab es beispielsweise einen Vorstand, der kannte jeden Mitarbeiter mit Namen – hat also jeden mit Namen angesprochen und wusste darüber hinaus noch zwei, drei andere Dinge über die Person. Ich habe es damals als unheimlich positiv empfunden, dass der große Herr (…) mich als ›Stift‹ kannte. Das habe ich auch für mich hier beherzigt. Und nur, wenn auch die kleinen Gesten stimmen, werden Sie es – losgelöst von allen übergeordneten Diskussionen – schaffen, Ihre Mannschaft hinter sich zu bringen.« (Thomas B., Mitglied des Vorstandes einer größeren Kreditgenossenschaft)

Persönliche Wertschätzung und Interesse zeigen, so könnte man zusammenfassen – den Mitarbeiter auch als *Menschen* wahrnehmen und respektieren. Natürlich ist im Arbeitsalltag jeder ersetzbar, aber keiner möchte das täglich vor Augen geführt bekommen. Denn niemand gibt seine Emotionen, seine Eitelkeiten, sein Bedürfnis nach Anerkennung am Firmentor ab und wird plötzlich zum bloßen Funktionsträger. Wo man mehr als ein Drittel seiner Lebenszeit verbringt, möchte man auch als Person anerkannt sein, nicht nur als brauchbarer IT-Spezialist oder verlässliche Buchhalterin. Und wir alle wiegen uns ganz gerne in der Illusion, eben doch nicht ganz so leicht ersetzbar zu sein – nicht nur wegen unserer fachlichen Qualitäten, sondern auch, weil man uns persönlich schätzt. Wer seine Mitarbeiter dagegen als wandelnde Personalnummern behandelt, darf sich daher nicht wundern, wenn sie sich genauso verhalten – und irgendwann zum nächsten Arbeitgeber wandern.

Nicht zufällig spielt der Aspekt persönlicher Wertschätzung auch bei der Frage nach demotivierenden Faktoren eine wichtige Rolle. »… wenn man sich überhaupt nicht um den Mitarbeiter kümmert, sodass er das Gefühl hat, dem Chef sei eigentlich egal, ob er da ist oder nicht«, bemerkt beispielsweise Dr. Monika S., Marketingleiterin in einem großen Chemieunternehmen, in diesem Zusammenhang, und Personalleiterin Paula S. unterstreicht: »Ignoranz zum Beispiel demotiviert. Wenn man keinen sieht, keinen grüßt, wenn man keine Lust auf ein Gespräch hat, wenn man sich in seinem Zimmer verkriecht und den Kontakt vermeidet.« (Mehr zu Motivation/Demotivation vgl. S. 66 ff.) Damit sind wir wieder bei den »kleinen Gesten«, von denen auch Bankvorstand Thomas B. spricht. Wertschätzung signalisiert zum Beispiel

- wer den anderen *wahrnimmt* (z. B. grüßt, mit Namen anredet),
- wer sich für den anderen *interessiert* (z. B. erkundigt, wie es ihm geht, ob es Probleme gibt, wie der letzte Urlaub war …),
- wer sich *Zeit nimmt* (wenn der andere ein Anliegen hat),
- wer dem anderen wirklich *zuhört* (und nicht etwa nebenbei die Unterschriftenmappe durchblättert),
- wer Aussagen des anderen *ernst nimmt* (und beispielsweise Einwände oder Fragen nicht einfach ignoriert),
- wer die Gefühle des anderen *respektiert* (und ihn nicht etwa grob anblafft oder vor anderen bloßstellt).

(Mehr zu guter Kommunikation vgl. Seite 70 ff.)

Viel wäre vor diesem Hintergrund schon gewonnen, wenn im Arbeitsalltag das, was traditionell als ›gute Umgangsformen‹ gilt, berücksichtigt würde. In der rauen Unternehmenswirklichkeit scheint das hin und wieder in Vergessenheit zu geraten: »Was man immer tun sollte, ist jemanden behandeln, wie man selbst behandelt werden möchte. Jemanden bloßstellen vor anderen, jemanden anbrüllen, jemanden persönlich beleidigen, jemanden bedrohen oder erpressen – das sind Dinge, die ich nie getan habe und auch nie tun möchte. Für mich gibt es einen gewissen Ehrenkodex, und den würde ich mir von allen Führungskräften wünschen. Die Praxis sieht da leider anders aus; es passieren richtige Schweinereien, die die Personalabteilung dann wieder geradeziehen soll«, unterstreicht Paula S.

Ein wirklich respektvoller Umgang miteinander geht jedoch über bloße Höflichkeit hinaus; er bedeutet darüber hinaus Geradlinigkeit und Berechenbarkeit. Marketingleiterin Dr. Monika S., auf die Frage, wie sich ihr Führungsverhalten im Laufe der Zeit verändert hat: »Ich bin in vielen Dingen sicherlich gelassener geworden. Zu Anfang will man einfach zu viel in zu kurzer Zeit. (…) Anderes habe ich nicht verändert – zum Beispiel, dass ich schon immer eine sehr deutliche Position bezogen habe, dass ich gesagt habe: ›Ich will geradlinig sein, ich will nicht rumtricksen.‹ Das heißt nicht, dass ich jedem meine Meinung aufdränge, aber wenn jemand mich danach fragt, bekommt er sie auch. Ich will am nächsten Tag noch in den Spiegel sehen können – ich bin loyal meinen Mitarbeitern gegenüber, ich bin loyal dem Unternehmen gegenüber. Ich habe mich auch immer als Mittler oder ›Puffer‹ zwischen meiner Vorgesetztenebene und meinen Mitarbeitern verstanden, auch wenn mich das zeitweise unheimlich viel Kraft gekostet hat. Das sind ein paar Grundmaximen, an denen ich mein ganzes Berufsleben festhalte.«

Letztlich geht es hier um die Frage charakterlicher Integrität. Sie müssen nicht alles sagen, was Sie meinen – aber Sie sollten meinen, was Sie sagen. Mitarbeiter möchten wissen, woran sie sind, und sie möchten dem Wort des Vorgesetzten trauen können. Das vermittelt Sicherheit und macht vertrauensvolle Zusammenarbeit möglich. Alle Namenskenntnis und alles freundliche Grüßen werden Ihnen nichts nützen, wenn Ihre Mitarbeiter den Eindruck gewinnen, Sie stellen sich im Unternehmen nicht vor die eigenen Leute, wenn es heiß hergeht, oder Sie sagen freundlich lächelnd das eine, denken (und handeln) aber eigentlich ganz anders.

Nicht ohne Grund zählt Fredmund Malik »Vertrauen« zu den sechs »Grundsätzen wirksamer Führung«.[11] In einer von Sicherheit und gegenseitigem Vertrauen geprägten Atmosphäre können Sie am ehesten auf das Engagement Ihrer Leute setzen. Wie man ein solches Klima erzeugen kann, verdeutlicht Malik mit einigen einfachen Regeln:

- »Fehler der Mitarbeiter sind Fehler des Chefs«: Der Vorgesetzte steht zu seinem Mitarbeiter, Kritik wird intern geübt und nicht gegenüber Dritten.
- »Fehler des Chefs sind Fehler des Chefs«: Das sollte sich eigentlich von selbst verstehen …
- »Erfolge der Mitarbeiter ›gehören‹ den Mitarbeitern«: Der Vorgesetzte heftet sie sich nicht an die eigene Brust.
- »Erfolge des Chefs, falls er im Alleingang solche haben sollte, kann er für sich beanspruchen: Die guten Manager (…) sagen allerdings auch dann noch: ›Wir haben es erreicht.‹«[12]

Taten zählen eben auch im Führungsalltag mehr als alle schönen Worte und Visionen …

Fazit aus der Praxis

> Es gibt zwar nicht den ›allein selig machenden‹ Führungsstil, aber es gibt verbindende (allgemein menschliche) Bedürfnisse von Mitarbeitern, deren Berücksichtung ein produktives Arbeitsklima begünstigt.
> Ein wesentliches Bedürfnis ist die persönliche Wertschätzung, die sich in freundlich-respektvollem Umgang miteinander und im Interesse für die Belange des Mitarbeiters ausdrückt.
> Ein weiteres wesentliches Bedürfnis ist das Gefühl von Sicherheit und Vertrauen, das durch persönliche Geradlinigkeit und charakterliche Integrität der Führungskraft vermittelt wird.

Mitarbeiter richtig einsetzen

Mitarbeiterorientierung kontra Aufgabenorientierung?

»Als Führungskraft haben Sie den Job, ein optimales Ergebnis zu produzieren. Und dafür ist es natürlich wichtig, Ihre Mitarbeiter optimal einzusetzen – und zwar ganz unabhängig von Sympathie oder Antipathie. Wenn man jemanden gut leiden kann, macht es das natürlich leichter, aber darum geht es nicht. Es kommt vielmehr darauf an, zu erkennen, wo die Leute ihre Stärken haben. Wenn ich eine Einheit optimal führen will, muss ich dafür sorgen, dass möglichst viele Leute entsprechend ihrem Naturell und ihren Fähigkeiten am richtigen Platz sitzen. Das bedeutet auch, dass Sie permanent optimieren müssen. Ich habe in den zehn Jahren meiner Führungstätigkeit bei der (…)-Bank viermal deutlich umorganisiert und zwischendurch immer mal wieder im Detail Aufgabenbereiche verändert.« (Thomas B., Mitglied des Vorstandes einer größeren Kreditgenossenschaft)

Die Personaldecke ist in vielen Bereichen dünn, der wirtschaftliche Druck hoch, und dennoch: Die Zielvorgaben sind ehrgeizig. Umsätze steigern, Produktivität erhöhen, Ausschuss vermindern … Wie schaffen Sie das? Ein angenehmes Arbeitsklima trägt zweifelsohne zur Motivation bei und wirkt sich positiv auf Mitarbeiterleistungen aus. Um tatsächlich bestmögliche Ergebnisse zu erzielen, genügt es nicht. Bankvorstand Thomas B. bringt das nüchterne Moment der Effizienz ins Spiel: Am höchsten wird der Output sein, wenn außerdem die richtigen Mitarbeiter die passenden Aufgaben haben. Es nützt Ihnen wenig, wenn der kreativste Kopf Ihrer Abteilung mit der Abwicklung von Routinefällen beschäftigt ist, während sich parallel ein Routinier ohne schöpferische Ambitionen mit der Konzeption für die Neugestaltung eines bestimmten Geschäftsbereiches plagt.

Damit wird schon deutlich: »Effektiviät« und »Humanität«, »Aufgabenorientierung« und »Mitarbeiterorientierung« als gängige Dimensionen des Führungshandelns[13] müssen keine Gegensätze sein: Ein Mitarbeiter, der Aufgaben hat, die »seinem Naturell und seinen Fähigkeiten« entsprechen, wird im Normalfall auch mit mehr Zufriedenheit an seinen Job gehen. Bestätigt wird das durch eine Langzeitstudie des renommierten Gallup-Instituts. Auf der Suche nach einer Antwort auf die Frage, ob die Unternehmensleistung einerseits und eine positive Einschätzung der Mitarbeiter über ihr Arbeitsumfeld andererseits in einem systematischen Zusammenhang stehen, erhob man wirtschaftliche Leistungswerte (Produktivität, Rentabilität, Mitarbeiterbindung und Kundenservice) 24 großer Unternehmen aus zwölf Branchen. Anschließend befragte man 105.000 Mitarbeiter einzelner Unternehmensabteilungen zu ihrer Einschätzung ihres unmittelbaren Arbeitsumfeldes. Ergebnis: Besonders produktiv waren jene Unternehmen, deren Mitarbeiter die folgenden Fragen überdurchschnittlich häufig bejaht hatten:

1. Weiß ich, was bei der Arbeit von mir erwartet wird?
2. Habe ich die Materialien und Arbeitsmittel, um meine Arbeit richtig zu machen?
3. Habe ich bei der Arbeit jeden Tag die Gelegenheit, das zu tun, was ich am besten kann?
4. Habe ich in den letzten sieben Tagen für gute Arbeit Anerkennung und Lob bekommen?
5. Interessiert sich mein/e Vorgesetzte/r oder eine andere Person bei der Arbeit für mich als Mensch?
6. Gibt es bei der Arbeit jemanden, der mich in meiner Entwicklung unterstützt und fördert?[14]

Neben persönlichen Faktoren, die vor allem in Frage vier bis sechs thematisiert werden, spielt demnach auch der Zuschnitt des Arbeitsplatzes eine wichtige Rolle bei der Mitarbeiterzufriedenheit (Frage eins bis drei). Zu wissen, was man zu tun hat, und dabei auf die eigenen Fähigkeiten und Stärken bauen zu können, so lässt sich diese Grundbedingung grob zusammenfassen.

Mitarbeiter tun zu lassen, »was sie am besten können«, klingt harmloser, als es ist, denn es setzt nicht nur voraus, dass Sie als Führungskraft das gemeinsam mit Ihrem Mitarbeiter herausfinden, es bedeutet gleichzeitig, sich von einem ungebremsten Erziehungsoptimismus zu verabschieden, der manche Personalentwicklungsprogramme kennzeichnet. Reinhard K. Sprenger kritisiert derartige Ansätze als »Zurichtungssysteme«, die von folgender irriger Voraussetzung ausgehen: »Wenn man Menschen zur Leistung führen will, dann muss man sie die ›richtige‹ Methode lehren, ihre Eigenheiten ausbügeln und so den Menschen perfektionieren.«[15] Schützenhilfe bekommt Sprenger durch Psychologen, die davon ausgehen, dass die Persönlichkeit eines Menschen – seine Einstellungen, Grundwerte und Eigenschaften – jenseits der 20 relativ stabil und nur noch in Grenzen veränderbar sind. Nicht jeder kann alles gleich gut, und auch mit noch so viel Training macht man aus einem introvertierten Tüftler keinen mitreißenden Verkaufsleiter. Einen guten Langstreckenläufer schult man ja auch nicht einfach zum Hochspringer um.

Das »Führungsrezept«, das man hieraus ableiten kann, lautet also: Identifizieren Sie die Stärken Ihrer Mitarbeiter und setzen Sie sie möglichst so ein, dass diese Stärken im Arbeitsalltag optimal genutzt werden.

Fazit aus der Praxis

> Als Führungskraft werden Sie an Ihren Ergebnissen gemessen: Je adäquater Sie Ihre Mitarbeiter eingesetzt haben, desto besser wird Ihr Abteilungsergebnis ausfallen.
> Effizienz einerseits und Mitarbeiterorientierung andererseits müssen keine Gegensätze sein: Mitarbeiter, die in der täglichen Arbeit stark auf ihre persönlichen Stärken bauen können, sind im Allgemeinen auch zufriedener.

Stärken ermitteln

Wie ermitteln Sie die Stärken Ihrer Mitarbeiter? Der direkteste Weg ist schlicht, sie zu fragen: Nutzen Sie beispielsweise Jahresgespräche für einige Fragen aus der Checkliste auf Seite 58.

Checkliste Mitarbeiter-Stärken ermitteln

- Was geht Ihnen in der täglichen Arbeit besonders leicht von der Hand?
- Was für Aufgaben erledigen Sie Ihrer Beobachtung nach besser und schneller als andere?
- Was tun Sie besonders gern?
- In welchem Bereich würden Sie gerne mehr Aufgaben übernehmen?
- Was tun Sie eher ungern? Gibt es Aufgaben, die Sie am liebsten abgeben würden?
- Was betrachten Sie als wichtige Arbeitserfolge? Worauf führen Sie diese Erfolge zurück?
- Wo sehen Sie Misserfolge? Was waren die Ursachen dafür?
- Was für Kenntnisse, Fertigkeiten und Begabungen zeichnen Sie Ihrer Ansicht nach aus?
- Wo sehen Sie Ihre ganz persönlichen Stärken?
- Wo sehen Sie Ihre Schwächen?

Je allgemeiner die Fragen werden, desto schwerer werden sich Ihre Mitarbeiter vermutlich mit der Antwort tun. Gerade die »Stärken/Schwächen«-Frage haben die meisten Menschen wahrscheinlich noch aus Vorstellungsgesprächen in leidvoller Erinnerung (inklusive der sorgfältig ausgetüftelten Antwortstrategien). Vielversprechender kann daher sein, das Problem ganz konkret anzugehen: »In den Jahresgesprächen, die wir mit den Mitarbeitern führen, frage ich manchmal: ›Was würdest du am liebsten machen, wenn du keine Geldsorgen hättest?‹ Und da kommen zum Teil erstaunliche Dinge, zum Beispiel: ›Ich würde gerne 'was schreiben, vielleicht ein Buch. Ich denke, ich kann ganz gut schreiben.‹ Das kann ein Hinweis sein auch für die Arbeit hier – dass jemand sich zum Beispiel im Marketing entwickeln könnte, wo wir unglaublich viele Dinge aufzubereiten und zu schreiben haben«, meint Frank Spandl von der Homola AHY Projektmanagement AG.

Die Frage nach den besonderen Stärken der Mitarbeiter allein ins Jahresgespräch zu vertagen, greift allerdings zu kurz. Noch einmal Frank Spandl: »Entscheidend ist, die richtigen Leute am richtigen Platz zu haben – und sie dort auch nicht alleine zu lassen. Also immer nachfragen: Ist alles in Ordnung? Bist du zufrieden? Können wir etwas besser machen? Wo ist dein kreatives Potenzial? Was kannst du noch beitragen?« Die passenden Aufgaben, das Interesse und die Aufmerksamkeit für den einzelnen Mitarbeiter und die Frage nach den Entwicklungsmöglichkeiten und -wünschen gehen hier eine enge Verbindung ein und sind Alltagsaufgabe des Vorgesetzten. Und – das Eingangszitat von Thomas B. belegt es – die Optimierung des Mitarbeitereinsatzes ist kein abgeschlossener Prozess, sondern eine ständige Herausforderung, bei der Sie selbst auch immer wieder dazulernen werden.

Neben der direkten Abstimmung mit Ihren Mitarbeitern gibt es ein weiteres probates Mittel, Stärken zu identifizieren – schauen Sie sich die Arbeitsresultate der Leute an, beobachten Sie:

- Wo erbringt ein Mitarbeiter regelmäßig besonders gute Leistungen?
- Welche Rolle fällt ihm bei Teamaufgaben und in Sitzungen zu (entwickelt er neue Ideen, kann er gut analysieren, oder liegt seine Stärke beispielsweise eher im Umsetzen bestimmter Konzepte)?
- Welche Aufgaben übernimmt er besonders bereitwillig?
- In welchen Arbeitsbereichen gibt es öfter Probleme?
- Welche persönlichen Interessen oder Hobbys hat ein Mitarbeiter? (Wer in der Jugendarbeit aktiv ist, hat vielleicht Interesse an Aufgaben in der innerbetrieblichen Ausbildung; wer Veranstaltungen organisiert, kann eventuell PR-Veranstaltungen mitgestalten …)

Mitarbeiter ihren Stärken gemäß einzusetzen ist auch deswegen ein ambitioniertes Ziel, weil es verlangt, über den eigenen Schatten persönlicher Vorlieben und Abneigungen zu springen – Sympathie und Antipathie zurückzustellen, wie Thomas B. eingangs betonte. »Sympathisch« ist uns oft, wer uns ähnlich ist: der Extrovertiert-Lebhafte empfindet den Ruhig-Zurückhaltenden als »Eigenbrötler«, der kühle Rechner den lebhafteren Widerpart als »exaltiert«. Lässt man sich von solchen Spontanurteilen leiten, geraten unterschiedliche Anforderungsprofile ins Hintertreffen: »Befördert wird soziale Ähnlichkeit«, wie Reinhard K. Sprenger befürchtet.[16]

Was aber tun Sie, wenn ein Mitarbeiter an seinem jetzigen Platz nicht optimal eingesetzt ist, Sie aber auch keine Möglichkeit der Umorganisation oder Neuverteilung der Arbeit sehen? Das hängt schlicht davon ab, wie drastisch die Konsequenzen einer solchen »suboptimalen« Besetzung sind. Noch einmal Thomas B.:

»Wenn Sie beispielsweise jemanden haben, der kraft seiner Persönlichkeitsstruktur Einzelgänger ist, bringt es nichts, mit diesem Mitarbeiter ein Team zu versauen. Entweder gibt es einen Job für diesen Einzelkämpfer – bzw. Sie können einen solchen Job einrichten – oder Sie werden sich irgendwann von diesem Mitarbeiter trennen müssen, weil er Ihnen sonst das Team kaputtmacht – so gut er auch sein mag.«

Auch unerfreuliche Personalentscheidungen gehören zum Führungsalltag, wie die Praktiker übereinstimmend unterstreichen. Mehr dazu lesen Sie ab Seite 62.

Fazit aus der Praxis

> Um die Stärken der Mitarbeiter zu identifizieren, sollten Sie zwei Wege beschreiten: die Mitarbeiter direkt zu fragen und Rückschlüsse aus ihren Arbeitsresultaten zu ziehen.
> Nutzen Sie Jahresgespräche, um Vorlieben, Wünsche und Stärken Ihrer Mitarbeiter auszuloten, tauschen Sie sich aber auch im Arbeitsalltag regelmäßig aus.

Mitarbeiter »entwickeln«

Konzentration auf die Stärken des einzelnen Mitarbeiters bedeutet nicht, dass Training sinnlos ist: Jemand, der Probleme mit Präsentationen hat, kann durch Übung lernen, seine Unsicherheit zu kontrollieren und die schlimmsten Patzer zu vermeiden. Er wird sich jedoch kaum zum mitreißenden Präsentator ›umpolen‹ lassen. Fragwürdig wäre es daher, gerade diesen Mitarbeiter auf einer Position zu belassen, zu der regelmäßige Präsentationen vor wichtigen Kunden gehören.

Bei der Personalauswahl wird häufig mit einem Drei-Schichten-Modell der Persönlichkeit operiert. Die Basis bilden allgemeine Persönlichkeitsmerkmale (Eigenschaften wie Kontaktstärke, Durchsetzungskraft, Leistungsmotivation, allgemeine Einstellungen und Motive). Darüber lagert das beobachtbare Verhalten und Auftreten einer Person (zum Beispiel Verhandlungstechniken oder sichere Umgangsformen). Die oberste Schicht schließlich wird durch objektiv nachprüfbare Fachkenntnisse und Erfahrungen bestimmt:

Wissen, Kenntnisse	Leicht zu ändern
Verhalten, Auftreten	↕
Persönlichkeitsfaktoren	Kaum zu ändern

Drei-Schichten-Modell der Persönlichkeit[17]

Fachkenntnisse sind dabei am ehesten veränderbar: Die Besonderheiten der US-amerikanischen Bilanzierung oder die aktuellen Bestimmungen des Kündigungsrechts kann man sich aneignen. Schwieriger wird es schon bei Verhalten und Auftreten: Das Reden vor größeren Gruppen etwa oder die systematische Planung eines Projektes kann man durch Schulung verbessern, hier spielen aber bereits persönliche Neigung und Begabung mit hinein. Persönlichkeitseigenschaften hingegen sind nur in engen Grenzen veränderbar. »Man kann die Welt oder sich selbst ändern. Das zweite ist schwieriger«, warnt Mark Twain.

Vor diesem Hintergrund leuchtet ein, was Erfolgstrainer einhellig empfehlen: Statt an Schwächen herumzulaborieren, sollte man eher auf seine Stärken setzen und diese systematisch ausbauen. Wie man Mitarbeiter in der Praxis fördern kann – und damit einem wesentlichen Erfolgsfaktor für ein produktives Arbeitsklima Rechnung trägt, siehe das Ergebnis der Gallup-Studie (Seite 56) – hat Management-Papst Fredmund Malik auf den Punkt gebracht: »Menschen entwickeln sich mit und an ihren Aufgaben.« Malik verbindet das mit einem Seitenhieb auf Ausbildungs- und Entwicklungsprogramme, die ins Leere laufen, weil sie nicht auf in der täglichen Praxis geforderte Qualifikationen zielen, sondern quasi ins Blaue hinein »entwickeln«.[18]

Auch Bankenvorstand Thomas B. setzt auf ein »Wachsen« der Mitarbeiter an ihren Aufgaben. Dass das in der Praxis nicht immer ganz einfach ist, verschweigt er dabei nicht: »Die meisten Mitarbeiter kennen ihre Stärken, sie wissen, was ihnen gut von der Hand geht und was weniger gut. Probleme gibt es am ehesten, wenn neue Aufgaben zu verteilen sind. Da herrscht oft große Unsicherheit: ›Kann ich das überhaupt?‹ Hinzu kommt: Wenn jemand vorher im Team gearbeitet hat, ist eine neue Einzelleistung zusätzlich auch noch messbar. Die meisten Mitarbeiter haben nicht den Mut für Veränderungen, sondern nehmen lieber eine für sie suboptimale Situation in Kauf. Deshalb geht es für Sie als Vorgesetzten auch darum, Überzeugungsarbeit zu leisten und das Selbstvertrauen der Mitarbeiter zu stärken.

Ich bin als Führungskraft sehr gut damit gefahren, bei der Übertragung neuer Aufgaben zu sagen: ›Jetzt probieren Sie das einfach mal acht Wochen lang aus, und wenn Sie dann sagen: ›Das ist nichts für mich, das wird nichts‹, drehen wir das Rad zurück – Sie haben mein Wort.‹ Dass ich tatsächlich etwas zurücknehmen musste, ist mir übrigens in all den Jahren nicht ein Mal passiert.«

Gemeinsam mit den Mitarbeitern die persönlichen Stärken abzuklären, adäquate Ziele zu entwickeln und daran anknüpfend herausfordernde Aufgaben zu übertragen, eventuell flankiert durch zielführende Weiterbildungen, wäre also ein empfehlenswerter Dreischritt. »Man muss sehr individuell führen: Man muss mit den Mitarbeitern herausfinden, wo sie selber hinwollen, man muss ihnen klarmachen, was sie dafür tun müssen, und man muss sie auch individuell beurteilen«, resümiert Dr. Monika S., langjährige Marketingleiterin in einem großen Chemieunternehmen.

Fazit aus der Praxis

> Menschen sind nicht beliebig ›entwickelbar‹: Kenntnisse kann man vermitteln, Verhalten und Auftreten in Grenzen optimieren. Persönlichkeitseigenschaften sind im Erwachsenenalter dagegen relativ stabil.
> Vielversprechender, als an Schwächen herumzulaborieren, ist es, an Stärken anzuknüpfen.
> Menschen wachsen an konkreten Aufgaben. Weiterbildungen sollten zielführend darauf abgestimmt sein.

»Schwierige« Mitarbeiter

Der richtige Mensch am richtigen Platz – das wäre also die Zauberformel für gleichermaßen zufriedene wie produktive Mitarbeiter. Dass sich das in der Praxis nicht immer wie von Zauberhand fügt – sei es durch personelle Fehlentscheidungen, sei es durch neue Anforderungen oder eine problematische Chef-Mitarbeiter-Konstellation, wird Realisten nicht überraschen. Alle Interviewten berichten übereinstimmend von unerfreulichen Personalentscheidungen, von schwierigen Auseinandersetzungen mit Mitarbeitern. Ihre Erfahrungen in einigen (durchaus typischen) Fällen …

Verhaltens-und Leistungsmängel

»Situationen, in denen ich mich von einem Mitarbeiter trennen musste, gab es durchaus. Und das Schreckliche war: Einmal war es ein Studienfreund von mir, jemand, mit dem ich im Studium ein Jahr ganz intensiv zusammengearbeitet habe. Hier im Unternehmen hat er sich in eine Richtung entwickelt, die uns geschadet hat. Er ging unsensibel mit unseren Auftraggebern und auch mit den Ingenieuren um, die er zu steuern hatte. Es kamen Beschwerden, wo uns Bauherren gesagt haben: Der Mann schadet euch als Unternehmen – wenn Ihr den nicht rausnehmt, dann müsst Ihr den Auftrag vielleicht komplett abgeben.« (Frank Spandl, Vorstand Homola AYH Projektmanagement AG)

Gleichgültig, ob (wie beim Projektmanager in der Baubetreuung) das Auftreten des Mitarbeiters zu Problemen führt oder ob sich sachliche Fehler häufen – untätig zusehen können Sie als Führungskraft in keinem Fall. Fehlverhalten möglichst rasch thematisieren, lautet der übereinstimmende Rat der Führungsprofis (zu Kritikgesprächen vgl. S. 76 ff.). Auf den Mitarbeiter zugehen, ihm die Chance geben, sein Verhalten zu korrigieren, war daher auch für Vorstand Frank Spandl der erste Schritt:

»Ich habe dann ein langes Krisengespräch mit dem Mitarbeiter geführt, als die erste große Beschwerde von einem Kunden kam, und versucht, ihm ein offenes und ehrliches Feedback zu geben, damit er darauf reagieren kann. Es zeigte sich, dass er nicht wirklich einsichtig war. Weitere Gespräche und auch ein Konfliktmanagementseminar fruchteten nichts. Als nach einem halben Jahr die nächsten Beschwerden wegen der gleichen Verhaltensweisen kamen, habe ich ihm signalisiert: Es wäre das Beste, wenn wir uns mittelfristig auseinander entwickeln. Wir wollen dir nicht kündigen, aber es wäre gut, wenn du dir im nächsten halben Jahr etwas anderes suchst. Der Mitarbeiter hat dieses halbe Jahr nicht genutzt, sodass wir ihm schließlich kündigen mussten.«

Deutliches Ansprechen des Problems – gemeinsame Lösungssuche – ggf. entsprechende Hilfsangebote (wie in diesem Fall das Seminar) – aber schließlich auch drastische Konsequenzen, wenn all diese Versuche nichts fruchten: Eine andere Wahl bleibt Ihnen in der Praxis kaum, wenn Sie nicht riskieren wollen, dass Produktivität und Ansehen Ihrer Abteilung mittelfristig leiden. Dasselbe gilt für Leistungsmängel. Dr. Monika S.: »Der schlimmste Fall war für mich der eines hoch qualifizierten Mitarbeiters, dessen Selbsteinschätzung und mein Urteil völlig auseinander gingen. Der Mitarbeiter war der Meinung, er hat seine Projekte im Griff, er kümmert sich um alles, was anliegt, er hält seine Termine – und ich konnte anhand von Details nachweisen, dass dem nicht so ist. Unsere Meinungen waren überhaupt nicht zur Deckung zu bringen. Diese Situation zu lösen, war ein unglaublicher Kraftakt, der etliche Monate gekostet hat.« Versetzung in eine andere Abteilung und schießlich doch Trennung waren auch hier die Konsequenzen. Dass Sie so etwas kaum im Alleingang durchziehen werden, sondern sich möglichst früh mit Ihrem eigenen Vorgesetzten abstimmen, liegt nahe.

Autoritätsprobleme

Etwas anders gelagert ist der Fall eines langjährigen Mitarbeiters, den Bankenvorstand Thomas B. in seiner ersten Führungsposition in die Abteilung zu integrieren hatte und den er so schildert: »Ausgesprochen unbeliebt, Anfang 50. Als Erstes habe ich für diesen Mitarbeiter eine Aufgabe gesucht – und auch gefunden – in der er einen Einzelkämpferstatus hatte, um die Gefahr zu bannen, dass er mir das Team durcheinander bringt. Er hat dann Bilanzen ausgewertet und Grundstücke bewertet. Das nächste Problem: Ich war plötzlich nicht mehr Herr seiner Arbeitszeit. Der Mitarbeiter nutzte den Einzelkämpferstatus dafür, dass er eigentlich nur anwesend war, wenn er Lust hatte.«

Hier versuchte offensichtlich jemand, einen Sonderstatus für sich zu reklamieren und den jungen Chef ein wenig in die Schranken zu weisen. Welche Folgen es für das Abteilungsklima hätte, wenn Sie das tolerieren, kann man sich ausmalen (Wieso sollen sich andere Mitarbeiter an die Spielregeln halten, wenn einer von Ihnen sie problemlos immer wieder übertreten kann?). Auch hier lautet der Rat: Klartext reden, in der Sache hart bleiben. Thomas B.:

»Ich habe das ein paar Mal auf die nette Art angesprochen, aber irgendwann gab es ein Grundsatzgespräch, in dem ich ihm gesagt habe: ›Herr … , wenn wir weiter zusammenarbeiten wollen, dann halten Sie sich ab jetzt an gewisse Regeln. Sie haben dann und dann an Ihrem Arbeitsplatz zu sein. Wenn Sie unterwegs sind, sagen Sie mir, wo Sie sind und wie lange das dauert. Wir können gut miteinander auskommen, wenn Sie sich an dieses Agreement halten. Wenn wir diesen Konsens nicht finden, werde ich alles daransetzen, Sie aus dieser Abteilung zu entfernen. Und dafür wird es einen Weg geben.‹ Das war das einzige Mal, wo ich zu dieser Ultima Ratio gegriffen habe. Der Mitarbeiter hat sich daran gehalten, sodass die Geschichte auch nicht weitergeht.«

Harte Konfrontationen werden sich in der Praxis nicht immer vermeiden lassen; ebenso wenig, dass Konflikte so weit eskalieren, dass Vorgesetzte die Trennung in Aussicht stellen. Wie man eine solche Eskalation möglichst vermeidet, lesen Sie unter Konfliktgespräche ab Seite 78.

Junger Chef – älterer Mitarbeiter

Seien Sie darauf gefasst: Die Kombination junger Chef – älterer Mitarbeiter birgt häufig Konfliktstoff. Sich jemandem ›unterzuordnen‹, dem man an Lebens- und Berufserfahrung um Jahre voraus ist, kratzt am Ego (Was würden Sie empfinden, wenn ein ›Grünschnabel‹ locker an Ihnen vorbeizieht?). Möglich, dass ein Teil des Autoritätsproblems im vorigen Beispiel auch auf dieses Konto geht: Während man dem langjährigen Macher mit den grauen Schläfen erst einmal Kredit in Sachen Fachkompetenz und Führungsqualitäten gibt, wird ein junger Boss skeptisch beäugt. Neid, Unsicherheit und der Wunsch, vor den Kollegen das Gesicht zu wahren, bilden eine gefährliche Melange.

Was können Sie dagegen tun? Machen Sie es älteren Mitarbeitern leichter, indem Sie ihre Erfahrung honorieren, rät Personalleiterin Paula S. und verdeutlicht noch einmal, wie emotionsgeladen eine solche Konstellation ist: »Mein Geheimrezept für diese Personengruppe war letztlich, partnerschaftlich zu agieren und deren Erfahrung abzufragen. Beispielsweise Dinge zu sagen wie ›Mensch, Sie kennen den Laden so lange – was raten Sie mir?‹ Dem älteren Mitarbeiter also durchaus eine besondere Rolle zuzuweisen – etwa die eines willkommenen Beraters. Diese Mitarbeiter müssen ja am ehesten um ihre ›Ehre‹ besorgt sein. Man kann sich doch vorstellen, was da an Äußerungen kommt, auch aus anderen Abteilungen: ›Na, neue Chefin? Is' ja ein süßes Vögelchen! Wie ist sie denn so?‹ Man muss es einem älteren Mitarbeiter dann leicht machen, auch loyal sein zu können – indem er wenigstens sagen kann: ›Da werde ich aber um meine Meinung gefragt‹, oder ›Sie lässt mich wenigstens machen und mischt sich nicht ein.‹«

Fazit aus der Praxis

> Eine Vogel-Strauß-Politik bringt Sie bei Leistungs- und Verhaltensmängeln nicht weiter. Sprechen Sie das Problem möglichst früh an, suchen Sie mit dem Mitarbeiter gemeinsam nach Lösungen. Fruchten konstruktive Gespräche nicht, kommen Sie an Sanktionen nicht vorbei.

> Sich mit einem erheblich jüngeren Chef zu arrangieren ist für manche Mitarbeiter nicht einfach. Erleichtern Sie es älteren Mitarbeitern, das Gesicht zu wahren (vor sich selbst und vor der Umgebung!), indem Sie ihre Erfahrung anerkennen.

Mythos Motivation

Abschied vom Möhrenmodell

Einem uralten Märchen zufolge läuft ein störrischer Esel schneller, wenn ihm der Lenker des Eselskarrens an einer Angel eine leckere Möhre vor die Nase hält. Die Boni, Gehaltszulagen, Auslandstrips und immer spektakuläreren Incentives, mit denen manche Unternehmen jahrzehntelang versuchten, Ihre Mitarbeiter zu »motivieren«, erinnern fatal an dieses Modell. Spätestens seit Sprengers *Mythos Motivation* (1991) ist dieses System ins Gerede gekommen, und auch Vorstandsmitglied Frank Spandl glaubt nicht an die Wirksamkeit solcher Anreize: »Geld allein motiviert Mitarbeiter meistens nicht. Ich führe oft Gespräche, in denen die Leute sagen: ›Klar will ich Geld verdienen, klar soll es mir gut gehen, aber eigentlich will ich die Chance haben, in meinem Bereich etwas zu verändern.‹ Ich glaube, wenn Mitarbeiter die Chance nicht sehen, ihren eigenen Arbeitsbereich mitzugestalten – das demotiviert die Leute.«

Diese Einschätzung wird durch Umfragen regelmäßig bestätigt. 1999 ließ das Handelsblatt 600 Mitarbeiter mit akademischem Hintergrund befragen. Das Ergebnis:

Was ist »das Wichtigste am Beruf«?

Befragung von 600 akademischen Nachwuchskräften bis 39 Jahre[19]

91% Arbeitsinhalte
87% Spaß an der Arbeit
87% Arbeitsklima
86% Verantwortung
83% Anerkennung der Leistung
63% Verdienstmöglichkeiten

Die hier ablesbare Gewichtung wird durch eine Umfrage für das Magazin *Focus* aus dem Jahre 2002 bestätigt: Arbeitsklima, befriedigende Arbeitsinhalte und persönliche Gestaltungsmöglichkeiten sind wichtiger als finanzielle Anreize:

Was »motiviert im Job sehr stark«?

Befragung von 1007 Arbeitnehmern[20]

46% freundliche Kollegen
41 % anspruchsvolle Tätigkeit
37 % Gestaltungsspielraum
16 % Gehalt und Sonderleistungen

Beide Umfragen erhärten im Kern, was der amerikanische Psychologe Abraham Maslow schon vor 60 Jahren als »Theory of Human Motivation« formulierte. Danach lassen sich menschliche Bedürfnisse in eine Rangfolge bringen. Sind grundlegende physische Bedingungen (etwa Nahrung, Wärme, Sicherheit) gewährleistet, rücken ideelle Motive in den Vordergrund. Ergebnis ist die bekannte »Maslow-Pyramide«. Das Bedürfnis nach Anerkennung und Wertschätzung sowie der Wille, etwas zu leisten (der Wunsch nach »Selbstverwirklichung« oder »Gestaltungsspielraum«) gehören danach zur Grundausstattung des Menschen. Und diesen Leistungswillen im Beruf auszuleben, liegt nahe – nicht nur, weil immer mehr Menschen hoch qualifiziert sind und in anspruchsvolle Jobs streben, sondern auch, weil Beruf und Karriere in unserer Gesellschaft immer stärker zum sinnstiftenden Element werden, zu einem Bereich, in dem man sich ›selbst verwirklichen‹ will.

SELBST-
VERWIRKLICHUNG

WERTSCHÄTZUNG /
STATUS / ANERKENNUNG

ZUGEHÖRIGKEIT/
GEMEINSCHAFT

SICHERHEIT

PHYSIOLOGISCHE BEDÜRFNISSE

Bedürfnispyramide nach Abraham Maslow[21]

Fazit: Sie können die Möhren wieder einpacken. Die meisten Menschen sind grundsätzlich durchaus »motiviert« (leistungsbereit) – Ihre Aufgabe als Führungskraft besteht primär darin, Demotivation zu vermeiden. Wie? Indem Sie im Führungsalltag dem Bedürfnis Ihrer Mitarbeiter nach einem positiven Arbeitsklima, persönlicher Wertschätzung und Gestaltungsfreiräumen Rechnung tragen. Dies unterstreichen auch die Gallup-Mitarbeiter Buckingham/Coffman in ihrer Studie über erfolgreiche Mitarbeiterbindung. Sie kommen zu dem Schluss, »dass Mitarbeiter nicht Unternehmen verlassen, sondern Vorgesetzte«.[22] Erfahrene Führungskräfte haben dies erkannt – befragt, was Mitarbeiter (de-)motiviert, konkretisieren Sie die genannten Schlüsselfaktoren eines motivierenden Arbeitsumfeldes:

Motivierend ist ...
... Interesse an der Person des Mitarbeiters/Respekt
  – »Aufmerksamkeit geben«, »sich verantwortlich fühlen« (Paula S.)
  – »die Mitarbeiter respektieren«, »sich auch für ihre persönlichen Belange interessieren« (Dr. Jürgen Lürssen)
... persönliche Integrität/Rückendeckung
  – »ein gutes Vorbild sein« (Dr. Jürgen Lürssen)
  – »... dass man hinter ihnen [den Mitarbeitern] steht, dass niemand ausgegrenzt wird ...« (Paula S.)
  – wenn die Mitarbeiter »das Gefühl haben, dass sich der Vorgesetzte für sie einsetzt« (Dr. Monika S.)
... Anerkennung/Feedback
  – »dass man die Leistung sieht und sie auch zu würdigen weiß« (Paula S.)
  – »Feedback geben (...) – Leute loben, wenn das Ziel gut erreicht wurde, konstruktive Kritik üben, wenn das nicht der Fall ist.« (Dr. Jürgen Lürssen)
  – »dass man immer wieder positive Ansatzpunkte findet, auch wenn Leistungen auf den ersten Blick noch nicht das Gelbe vom Ei sind« (Klaus Schwope)
... klare Ziele/realistische Vorgaben/Entwicklungsmöglichkeiten
  – »wenn Mitarbeiter realistische Ziele haben, die sie erreichen können, und einen Arbeitsanfall, den sie bewältigen können« (Dr. Monika S.)
  – »dass man nicht mit der Peitsche knallt, sondern die Arbeit so verteilt, dass jeder mit seinen Fähigkeiten auch noch mitkommen kann« (Paula S.)
  – dass man »nachfragt, ob der Mitarbeiter zusätzliche, neue Aufgaben übernehmen will, sich weiterentwickeln will, Interesse an Weiterbildung hat« (Dr. Monika S.)

… Desinteresse/Mangel an Wertschätzung

– »… wenn man durch alle Knopflöcher ausstrahlt: ›Eigentlich habe ich gar keine Lust hier zu sein, und mit euch zu arbeiten schon gar nicht‹.« (Paula S.)
– »… wenn man sich überhaupt nicht um den Mitarbeiter kümmert, sodass er das Gefühl hat, dem Chef sei eigentlich egal, ob er da ist oder nicht.« (Dr. Monika S.)

… fehlende Anerkennung

– »Demotivierend ist zum Beispiel zu wenig Anerkennung für die eigene Leistung. Eigentlich müsste ich mich jede Woche selbst daran erinnern, herumzugehen und zu sagen: ›Toll! Gut, wie du das machst!‹« (Frank Spandl)

… unbefriedigende Arbeitsbedingungen

– »Frust über unbefriedigende Arbeitsbedingungen, der sich über Jahre hinweg steigert, weil sich scheinbar – oder manchmal auch tatsächlich – nichts ändert.« (Werner M.)

… mangelnder Gestaltungsfreiraum

– »Ein wesentlicher Demotivationsfaktor ist, dass die Leute denken, sie erreichen nichts, sie können nichts verändern.« (Werner M.)
– »Ich glaube, wenn Mitarbeiter die Chance nicht sehen, ihren eigenen Arbeitsbereich mitzugestalten – das demotiviert die Leute.« (Frank Spandl)

Gestaltungsfreiraum sichern Sie am ehesten durch eine gute Arbeitsorganisation – durch die Delegation anspruchsvoller Aufgaben, durch das Vermeiden übertriebener Gängelei und penibler Verfahrenskontrollen (zum Delegieren vgl. Seite 156 ff.). Gestaltungsmöglichkeiten eröffnen Sie außerdem dadurch, dass Sie auf die Stärken des Einzelnen Rücksicht nehmen, ihn adäquat einsetzen und ihm Entwicklungsperspektiven eröffnen. *Persönliche Wertschätzung* können Sie nur dann glaubhaft vermitteln, wenn Sie tatsächlich gern mit Menschen umgehen – weshalb ›Interesse und Gespür für Menschen‹ im Eingangskapitel zu den Schlüsselqualifikationen gezählt wurden. Fassbar und konkret wird Wertschätzung in der täglichen Kommunikation. Worauf es dabei ankommt, ist daher Thema des nächsten Abschnitts.

Bringen Sie beides zusammen, legen Sie damit die Basis für ein motivierendes Arbeitsklima, das Programmleiter Werner M. zusammenfassend so beschreibt: »Mein Anspruch ist es, in meinen Teams eine Atmosphäre zu erzeugen, in der alle gern und mit einem klaren Ziel vor Augen Höchstleistungen zu erbringen bereit und imstande sind. Das erreiche ich durch einen gelassenen, fröhlichen, persönlichen Umgangston, durch Teamgeist, durch klare Ziele, die reizvoll und begehrenswert, also nicht zu abstrakt sein müssen, durch Respektierung der Mitarbeiter in ihren Stärken und Schwächen, durch sehr viel Lob und Anerkennung und durch das Angebot weitgehender Gestaltungs- und Handlungsfreiheit. Es soll Spaß machen, bei mir und mit mir zu arbeiten, und der Funke der Begeisterung für die Ziele soll überspringen. Ich weiß aus Rückmeldungen, dass mir das nicht immer, aber immer wieder gelingt.«

Fazit aus der Praxis

> Motivation entsteht nicht durch zusätzliche Anreize außerhalb des Arbeitsalltags, sondern durch Arbeitsbedingungen, die den Bedürfnissen der Mitarbeiter Rechnung tragen.
> Ein zentrales Bedürfnis ist das nach Wertschätzung und Anerkennung. Die Kommunikation mit Ihren Mitarbeitern sollte daher von Interesse für den Einzelnen und Respekt geprägt sein.
> Ein weiteres Bedürfnis ist das nach persönlichen Gestaltungsfreiräumen. Gemeinsame Abstimmung von Zielen, Delegation auch anspruchsvoller Aufgaben, Ausloten von persönlichen Entwicklungsmöglichkeiten legen hierfür die Basis.

7 Faustregeln für eine gelungene Kommunikation

Einen Großteil Ihrer Zeit verbringen Sie als Führungskraft mit Reden – in der Kommunikation mit Ihren Mitarbeitern wird Ihr Führungsstil konkret. Die schönsten kooperativen Vorsätze nützen wenig, wenn Sie im Führungsalltag immer wieder das Gefühl haben, missverstanden zu werden oder Ihre eigentlichen Ziele nicht zu erreichen. Deshalb einige Hinweise zu den Fallstricken menschlicher Kommunikation.

1. *Man kann nicht nicht kommunizieren*
Versteht man unter Kommunikation ganz allgemein »jede Form von wechselseitiger Übermittlung von Information durch Zeichen/Symbole zwischen Lebewesen«[23], wird diese These des bekannten Psychologen und Linguisten Paul Watzlawick plausibel.[24] Kommunikation ist weit mehr als der Austausch von Worten: Jedes Verhalten wird gedeutet. Und da man sich

»nicht ›nicht verhalten‹ kann«, greift Regel 1. Ob Sie grüßen oder nicht, wenn Sie jemandem auf dem Firmenflur begegnen; ob Sie für Ihre Mitarbeiter ansprechbar sind oder sich meistens hinter geschlossener Türe in Ihrem Büro verschanzen; ob Sie nach Ihrer Beförderung zum Teamleiter Ihren Kleidungsstil ändern und nur noch Anzüge tragen oder ob Sie das nicht tun – Ihre Umgebung und insbesondere Ihre Mitarbeiter werden das als Botschaft verstehen und deuten. Setzen Sie daher nicht einseitig auf das gesprochene Wort, sondern kalkulieren Sie die Außenwirkung Ihres Verhaltens mit ein. Dies betrifft in besonderem Maße Ihre ersten Amtshandlungen im neuen Job, die sehr aufmerksam registriert werden (vgl. das Beispiel des Vertriebsleiters, der als Erstes einen Fragebogen zu Umsatzzahlen verteilte und sich im Nu unbeliebt machte, Seite 40 f.). Dies betrifft auch den Umgang mit den Statussymbolen, die Ihre Position nach außen hin dokumentieren. Reklamieren Sie das Übliche (größeres Büro, Dienstwagen usw.) ganz selbstverständlich für sich – sonst schließt man womöglich, Sie hätten Probleme mit der neuen Rolle – vermeiden Sie aber den Eindruck, Ihr Herz hänge zu sehr an den äußeren Insignien der Macht.

2. Jeder lebt in seiner Welt

Ich möchte Sie an dieser Stelle nicht mit philosophischen Erörterungen strapazieren. Nur so viel: Die Konstruktivisten (unter Ihnen der eben zitierte Paul Watzlawick) halten die Vorstellung einer ›objektiven‹ Realität für eine Illusion. Sie gehen davon aus, dass Menschen durch ihre Sinnesorgane und mittels erworbener kognitiver Muster vielmehr ein Bild der Wirklichkeit ›konstruieren‹.[25] Denkt man das radikal zu Ende, lebt tatsächlich jeder in seiner eigenen Welt, auch wenn sich die Weltsichten in der Praxis durch eine gemeinsame Sozialisation, verbindende Erfahrungen, kulturelle Wertvorstellungen und daraus resultierende kognitive Strategien stark angleichen. Wir sind uns häufig über die ›Tatsachen‹ einig (in der Diskussion mit einem radikalen Islamisten sähe das schon anders aus) – häufig, aber eben nicht in jedem Fall.

Jeder von uns bringt seine eigenen Deutungsmuster und Erfahrungen mit. Was Sie als ›sachliche Diskussion‹ empfinden, mag für Ihr Gegenüber schon eine harte Auseinandersetzung sein; wo Sie ein schwer wiegendes Versäumnis sehen, ist für jemand anderen lediglich eine verzeihliche Panne passiert; während Sie jedermann für seines Glückes Schmied halten, ist Ihr Gegenüber vielleicht tief von der Ungerechtigkeit der Welt und der eigenen Hilflosigkeit überzeugt. Hat man einmal akzeptiert, dass jeder (zumindest partiell) in seiner eigenen Welt lebt, schützt das vor zweierlei:

- davor, jede Auseinandersetzung als persönlichen Angriff zu betrachten und aus dieser Betroffenheit heraus stark emotional und wenig souverän zu reagieren;
- davor, eigene Maßstäbe und Handlungsmaximen ungeprüft auch dem Gegenüber zu unterstellen.

Kommunikation mit anderen ist immer auch ein Abklopfen von Erwartungen und ein Aushandeln von Spielregeln. Missverständnisse oder überraschende Reaktionen sind ein Indiz dafür, dass es an der Zeit ist, Klartext zu reden und sich explizit über Grundannahmen zu verständigen. Beispielhaft deutlich wird das in der eingangs zitierten Erfahrung von Dr. Monika S.: Sie bot Entwicklungsmöglichkeiten und rechnete mit Zustimmung; ihre Mitarbeiter befürchteten Überforderung und reagierten mit Rückzug.

3. Es geht niemals ausschließlich »um die Sache«

Wissenschaftlich formuliert: Jede Kommunikation hat einen Inhalts- und einen Beziehungsaspekt. Mit jeder Äußerung bringen Sie automatisch Ihre Einstellung zum Gesprächspartner und die Spielregeln Ihres Umgangs miteinander zum Ausdruck. »Bis 14:00 Uhr hat das Protokoll fertig zu sein!« definiert die Beziehung zu Ihrem Gegenüber anders als »Bitte machen Sie das Protokoll bis 14:00 Uhr – ich brauche es dann.«

Beziehungsbotschaften werden nicht nur durch Wortwahl und Formulierung ausgedrückt, sondern sehr stark auf der nonverbalen Ebene (durch Tonfall, Gestik, Mimik, Blickkontakt) und auf der allgemeinen Verhaltensebene. Beispiel: Ein Mitarbeiter kommt mit einem Anliegen zum Vorgesetzten (»Haben Sie einen Moment Zeit?«). Der Chef winkt ihn zwar ins Büro, blättert jedoch ungerührt weiter in seinen Unterlagen, während das Problem geschildert wird, geht zwischendurch ans Telefon, bietet dem Mitarbeiter nicht einmal einen Platz an. Die (Beziehungs-)Botschaften des Vorgesetzten sind eindeutig: »Du bist mir nicht wichtig« und »Hier bestimme ich, wo es langgeht«.

Ein motivierendes Arbeitsklima ist von positiven Beziehungsbotschaften geprägt. Positive und negative Beziehungssignale zeigt die Übersicht auf der nächsten Seite.

So kompliziert der Austausch verbaler und nonverbaler Signale aus linguistischer Sicht auch sein mag – wir entschlüsseln Beziehungssignale in der Regel mühelos. Ein guter Ansatz für das Führungsverhalten besteht daher darin, all das möglichst zu vermeiden, was man selbst als verletzend betrachtet – etwa unterbrochen zu werden, überhört zu werden, nicht beachtet zu

Positive Beziehungsbotschaften	Negative Beziehungsbotschaften
Interesse	Gleichgültigkeit
Aufmerksamkeit	Ignorieren
Vertrauen	Misstrauen
Wertschätzung	Geringschätzung
Sympathie	Antipathie

werden, vor anderen bloßgestellt zu werden, getäuscht oder manipuliert zu werden.

Wertschätzung oder Interesse speisen sich aus kleinen Gesten. Wenn Sie selbst ein eher zurückhaltender, rationaler Mensch sind, sollten Sie daher berücksichtigen, dass allzu nüchterne Effizienz beim Gegenüber womöglich schon als negatives Beziehungssignal – als Desinteresse oder sogar Geringschätzung – ankommt. Der kurze Plausch über den Urlaub oder das Kompliment zur neuen Frisur sind vor diesem Hintergrund keine ›Zeitverschwendung‹, sondern eine Investition in ein motivierendes Umfeld, denn:

4. *Die Beziehungsebene hat Vorrang*
Haben Sie schon einmal versucht, mit jemandem ›vernünftig‹ zu reden, der gerade einen cholerischen Anfall hat? Keine Chance. Wenn die Beziehungsebene gestört ist, nützen Ihnen die besten Sachargumente nichts – sie dringen nicht durch. Und wenn die Atmosphäre erst einmal vergiftet ist, wittert man im fairsten Angebot eine Finte.

Den meisten Menschen ist intuitiv klar, wie wichtig die Beziehungsebene ist: Auch in einer geschäftlichen Besprechung kommt man normalerweise nicht unverblümt zur Sache, sondern bemüht sich mit einem kurzen Smalltalk um ›gute Stimmung‹. Und über eine Gehaltserhöhung redet man nicht ausgerechnet dann mit seinem Vorgesetzten, wenn man gerade eine Meinungsverschiedenheit hatte. Zwar zählen offiziell im Berufsleben Sachargumente und Ratio, de facto sind wir jedoch auch dort stark von Emotionen bestimmt. Frank Spandl ging es in seiner Antrittsrede als Vorstandsmitglied daher auch weniger um Projekte und Konzepte, sondern um die richtigen Signale für eine weiterhin positive Beziehung zu den Ex-Kollegen: »Ich erinnere mich noch gut an die Botschaft meiner ersten Ansprache vor den ganzen Kollegen – ›Der Vorstand ist bis zu einem gewissen Grad der Diener der Belegschaft: Wir sorgen dafür, dass es neue Aufträge gibt, dass die Organisation funktioniert. Wir bestimmen im Team mit euch die Linie.‹«

Arbeiten Sie sich also nicht an Sachproblemen ab, wenn das eigentliche Problem auf der Beziehungsebene liegt. Störungen auf der Beziehungsebene verschwinden in den seltensten Fällen durch Abwarten. Erfolgversprechender ist in der Regel, die Beziehungsstörung anzusprechen: »Frau Meier, ich habe das Gefühl, Sie gehen mir aus dem Weg. Bin ich Ihnen auf die Zehen getreten, oder gibt es sonst irgendwelche Probleme?« Metakommunikation, also Reden übers Reden, ist der beste Rettungsanker, wenn die Kommunikation nicht mehr klappt.

5. Wer zuhört, führt

Meist wird diese Formel etwas anders zitiert: Wer *fragt*, führt. Das passt auch besser zum traditionellen Verständnis der Führungsrolle als aktiv und lenkend. Thomas B., Mitglied des Vorstandes einer größeren Kreditgenossenschaft, unterstreicht dagegen: »Führen hat in meinem Verständnis viel mit Aufmerksamkeit zu tun, mit Zuhörenkönnen. Wenn Sie die eigenen Redeanteile nicht zurücknehmen, erfahren Sie nichts.«

»Du hörst mir ja gar nicht zu!« ist vermutlich der häufigste Vorwurf in Zweierbeziehungen. Dass wirkliches Zuhören uns auch im Beruf nicht leicht fällt, illustriert der folgende Dialog:

Mitarbeiter:	»Kann ich Sie kurz sprechen?«
Vorgesetzter:	»Ja. Um was geht es denn?«
Mitarbeiter:	»Es gibt Probleme mit der Firma Schmidt & Söhne. Sie bemängeln die Qualität der letzten Papierlieferung. Fuchs verlangt deshalb einen Preisnachlass.«
Vorgesetzter:	»Das ist nicht das erste Mal, oder? Ist das nicht im Mai und davor auch schon einmal passiert?«
Mitarbeiter:	»Schon zwei Mal. Nur … [Pause]«
Vorgesetzter:	»Und was meint die Qualitätskontrolle?«
Mitarbeiter:	»Die Qualität ist noch im Rahmen.«
Vorgesetzter:	»Mmh. Sehen Sie das auch so?«
Mitarbeiter:	»Die Einschätzung ist schon o.k.«
Vorgesetzter:	»Dann sollten wir uns auf diese Spielchen auch nicht einlassen. Wissen Sie was, rufen Sie den Fuchs am besten morgen an, wenn er sich beruhigt hat.«

Alles klar, Problem gelöst? Hätte der Chef tatsächlich zugehört, wäre das Gespräch vielleicht so gelaufen:

Mitarbeiter:	»Kann ich Sie kurz sprechen?«
Vorgesetzter:	»Ja. Um was geht es denn?«
Mitarbeiter:	»Es gibt Probleme mit der Firma Schmidt & Söhne. Sie bemängeln die Qualität der letzten Papierlieferung. Fuchs verlangt deshalb einen Preisnachlass.«
Vorgesetzter:	»Fuchs will den vereinbarten Preis nicht zahlen?«
Mitarbeiter:	»Ja. Das hatten wir zwar schon öfter, aber dieses Mal scheint es ihm ernst zu sein.«
Vorgesetzter:	»Aha. Sie meinen, es wird schwer, ihn umzustimmen?«
Mitarbeiter:	»Er war das letzte Mal bei einem ähnlichen Standard schon ziemlich sauer, obwohl die Qualitätskontrolle die Lieferung hat durchgehen lassen.«
Vorgesetzter:	»Mmh. Das macht Ihnen Kopfzerbrechen?«
Mitarbeiter:	»Ich fürchte, wir verlieren Schmidt & Söhne als Kunden, wenn wir ihm nicht zumindest etwas entgegenkommen. Immerhin machen wir einen ordentlichen Jahresumsatz von … EUR mit denen.«
Vorgesetzter:	»Was schlagen Sie denn vor?«
Mitarbeiter:	»Vielleicht könnten wir …«

Auch im zweiten Beispiel fragt der Vorgesetzte; allerdings weniger im Bemühen, das Gespräch zu lenken und rasch zu einem Ergebnis zu kommen, als eher mit dem Interesse, der Angelegenheit tatsächlich auf den Grund zu gehen. Er beschränkt sich auf kurze Rückfragen, die im Wesentlichen die Äußerungen des Mitarbeiters paraphrasieren bzw. auf dessen Einschätzungen und Gefühle zielen (»Das macht Ihnen Kopfzerbrechen?«). Dadurch signalisiert er einerseits, dass er das Anliegen ernst nimmt, andererseits gibt er dem Mitarbeiter Raum, sich selbst klarer zu werden.

In der Kommunikationspsychologie ist diese Strategie als »aktives Zuhören« bekannt. Die Umschreibung des Gesagten mit eigenen Worten sichert das Verständnis; die ›Gefühlsvermutung‹ hilft dem anderen, seine Einschätzung zu präzisieren. Wenn Sie beim Lesen des zweiten Beispiels ungeduldig geworden sind, zeigt dies einmal mehr, wie wenig wir in der Regel bereit sind, uns tatsächlich auf das einzulassen, was ein anderer erzählt (also *wirklich* zuzuhören). Wer »aktiv« zuhört, vertagt eigene, vorschnelle Reaktionen, und das kommt uns – noch dazu in der üblichen Alltagshektik – merkwürdig gebremst vor. Schnelle Lösungen entpuppen sich allerdings oft als Scheinlösungen, weil sie am Kern der Sache vorbeigehen. Die Merkmale aktiven Zuhörens daher hier noch einmal auf einen Blick. Grundvoraussetzung ist dabei, dass man erst einmal die Ohren tatsächlich auf Empfang stellt:

Aktives Zuhören

1. Aufmerksamkeit signalisieren (»ganz Ohr« sein)

2. Aussage des anderen »auf den Punkt bringen« (mit eigenen Worten umschreiben)

3. Gefühle des anderen ansprechen

6. Kritik ist immer persönlich

In der Theorie sind wir alle »kritikfähig«, in der Praxis lässt sich niemand gerne kritisieren. Wer unser Verhalten kritisiert, maßt sich ein Urteil über uns an, und das interpretieren die meisten von uns reflexhaft (und allen guten Vorsätzen zum Trotz) als Angriff auf die eigene Person, das eigene Selbstwertgefühl. Kritik »nicht persönlich« zu nehmen bleibt da ein frommer Wunsch – wie, bitte schön, sollte man sie denn sonst nehmen? Wer kritisiert, tut dies zudem meist aus einer Position der Überlegenheit heraus; Kritik am Chef bleibt eine seltene Ausnahme. Jedes Kritikgespräch führt also indirekt vor, wer hier eigentlich das Sagen hat, und das macht es für den Kritisierten zusätzlich schwer.

Dass Kritik, auch sachlich formulierte, den meisten Menschen unangenehm nahe geht und sie in vielen Fällen zum spontanen Gegenangriff oder beleidigten Rückzug provoziert, wurzelt auch in frühen Erfahrungen: Unsere ersten Kritiker sind Eltern, Großeltern, Lehrer – oft mit drastischen Formulierungen und Pauschalangriffen (»Du bist schlampig«, »Was soll aus dir bloß werden?«) und häufig verbunden mit Sanktionen, von Fernsehverbot bis zu schlechten Noten. Das prägt unsere Reaktion auf Kritik bis ins Erwachsenenalter. Thomas B.s Einschätzung – »Die Thematisierung von Fehlleistungen ist meines Erachtens einer der schwierigsten Schauplätze in der Führung« – überrascht da nicht.

Regelmäßig Kritikgespräche zu führen wird dennoch eine Ihrer Kernaufgaben sein – schließlich empfiehlt es sich, möglichst früh auf Fehlverhalten

zu reagieren. Wie lenken Sie Kritik vor dem skizzierten Hintergrund am
ehesten in konstruktive Bahnen? Dazu ein paar Tipps:

- Kritisieren Sie *zeitnah* – vermeiden Sie späte Generalabrechnungen (etwa
  das Vertagen kritischer Punkte auf das Jahresgespräch).
- Werden Sie *konkret* – vernebeln Sie die Angelegenheit nicht durch allge-
  meine Vorwürfe. Thematisieren Sie stattdessen die konkreten Auslöser
  des Gesprächs.
- Argumentieren Sie *sachbezogen* – lassen Sie sich nicht zu Pauschalgriffen
  auf die Person hinreißen.
- Bleiben Sie *sachlich* – vermeiden Sie unkontrollierte Ausbrüche.
- Kritisieren Sie *unter vier Augen* – statuieren Sie also keine öffentlichen
  Exempel.

»Sie sind völlig unzuverlässig!«, »Wie oft soll ich Ihnen eigentlich noch sagen, dass …!«, »So kann es nicht weitergehen!« oder ähnliche Anklänge an
elterliche Maßregelungen sollten Sie herunterschlucken. Sie bauen nur
Fronten auf und riskieren, dass Ihr Gegenüber so damit beschäftigt ist, sein
Gesicht zu wahren und die Verteidigungslinien zu organisieren, dass Ihre
inhaltliche Botschaft kaum noch ankommt. Psychologen raten außerdem,
auf »Ich-Botschaften« zu bauen: Statt mit einem »*Sie* sind …« oder »*Sie* haben …« primär auf Angriff zu setzen, sollten Sie besser Ihre eigene Position
deutlich machen. Ein Beispiel:

- »Sie sind unfreundlich zu Kunden am Telefon!« (Du-Botschaft)

- »Ich bin besorgt, wenn Sie Kunden am Telefon kurz angebunden
  behandeln und für Informationen nur auf die Homepage verweisen.
  Zurzeit können wir jeden Auftrag gebrauchen.«
  (Ich-Botschaft)

Eine gelungene Ich-Botschaft thematisiert die eigene Befindlichkeit (»Ich
bin …«), das konkrete Verhalten (»Kunden am Telefon kurz angebunden
behandeln …«) und die Konsequenzen des Verhaltens (hier: den Verlust von
Aufträgen). Als potenzieller Hilfeappell stößt sie eher auf offene Ohren als
eine Du-Botschaft.[26]

Daneben wird häufig auch das »Sandwich-Modell« für Kritikgespräche
empfohlen: Positiv einsteigen, dann die Kritik, und obendrauf als Ge-
sprächsabschluss wieder etwas Positives. In der Praxis sieht das oft so aus,
dass der Vorgesetzte erst einmal den Mitarbeiter ausführlich lobt (»generell

sehr zufrieden«, »gute Zusammenarbeit«, »erfolgreicher Projektabschluss neulich« usw.) und kaum noch die Kurve zum eigentlichen Thema bekommt. Der Mitarbeiter sitzt indessen innerlich auf der Stuhlkante und wartet auf das »Aber« (schließlich haben Sie ja das Gespräch sicher nicht anberaumt, nur um ihn zu loben).

Verzichten Sie lieber auf solche durchsichtigen Manöver, unterschätzen Sie die Intelligenz Ihrer Mitarbeiter nicht. Natürlich ist es ratsam, mit einem positiven Beziehungssignal in das Gespräch einzusteigen (siehe Faustregel 4). Ein freundliches »Schön, dass Sie Zeit haben, Frau … Ich möchte gern in Ruhe mit Ihnen über die Kundenbeschwerden der letzten Woche sprechen und würde mich freuen, wenn wir da zu einer Lösung kommen« reicht dafür jedoch aus. Zerreden Sie Ihr eigentliches Anliegen nicht. Am Schluss des Gesprächs sollte eine Vereinbarung über das weitere Vorgehen stehen.

Übrigens: Leichter verdaulich wird Kritik auch dadurch, dass Sie sich nicht nur äußern, wenn etwas *nicht* nach Ihren Vorstellungen läuft. Anerkennung für gute Leistung ist genauso wichtig und unbedingt Chefsache. Viele Vorgesetzte halten es leider mit der schwäbischen Maxime »net g'schimpft is g'nug g'lobt« – ein Trugschluss, wie auch Paula S. gerade im Hinblick auf gute Leute betont: »Die Leistungsträger brauchen auf jeden Fall Anerkennung, Wertschätzung. Diese Gruppe verheizt man ganz schnell, wenn man einfach sagt: ›Ihr seid klasse und das muss ich nicht erwähnen.‹ Diese Mitarbeiter blühen auf, wenn man sich über ihre Leistungen freut.« Angemessenes Lob macht auch gelegentliche Kritik akzeptabler.

7. Konflikte: Aus dem Machtkampf aussteigen

Ihre Abteilung zieht um, und jeder Mitarbeiter möchte eines der hellen Büros auf der Südseite. Verkaufsgebiete müssen neu aufgeteilt werden, und alle Außendienstler verteidigen energisch ihre Pfründe. Zwei Mitglieder Ihres Teams teilen sich ein Büro und geraten immer wieder aneinander … – Schätzungen besagen, dass Führungskräfte etwa ein Drittel ihrer Zeit mit dem Schlichten von Konflikten verbringen. Wo Menschen zusammenarbeiten, kommt es zwangsläufig zu Interessengegensätzen und damit zu Auseinandersetzungen. Vogel-Strauß-Politik bewährt sich in solchen Situationen nicht, unterstreicht Creative Director Klaus Schwope: »Spätestens, wenn Konflikte in der Gruppe in offene Animositäten umschlagen und womöglich nach außen getragen werden, muss man eingreifen. Wenn man Konflikte schwelen lässt, riskiert man, dass sie sich hochschaukeln und im schlimmsten Fall zur Spaltung der ganzen Gruppe führen.«

Entscheidend für ein produktives Arbeitsklima ist, wie man Konflikte löst – nicht, dass es keine gibt. Wer das behauptet, kehrt sie wahrscheinlich nur energischer unter den Teppich. »Entgegen einer weit verbreiteten Fehlannahme führen offen ausgetragene Konflikte aber häufiger zu einem besseren Kontakt, als dass sie den Kontaktfaden endgültig reißen lassen«, ermutigt der Hamburger Psychologe Friedemann Schulz von Thun.[27] Bei einer konstruktiven Konfliktlösung helfen zwei Einsichten:

(1) Gerade bei Konflikten spielt neben der Sachebene die Beziehungsebene eine ganz entscheidende Rolle. Beim Umzugskonflikt etwa geht es zwar einerseits um schönere, hellere Büros, andererseits jedoch auch um Wertschätzung durch den Vorgesetzten, darum, sich durchzusetzen gegenüber den Kollegen oder das Gesicht zu wahren, wenn man sich einmal aus dem Fenster gelehnt hat ... Viele Konflikte mögen als Auseinandersetzung um eine Sache beginnen; sie entwickeln sich jedoch recht schnell zu Machtkämpfen: Wer verlässt den Ring als Sieger, wer als Verlierer?

(2) Diktierte Lösungen sind Scheinlösungen. Natürlich können Sie als Vorgesetzter ein Machtwort sprechen und eine Entscheidung fällen. Zumindest eine der Konfliktparteien wird sich dadurch vermutlich benachteiligt fühlen; wenn Sie Pech haben, bringen Sie sogar alle Seiten gegen sich auf. In der Praxis bezahlen Sie eine schnelle Entscheidung dann oft mit lähmenden Verzögerungen bei der Umsetzung.

Die besten Chancen auf eine tragfähige Konfliktlösung haben Sie, wenn Sie auf autoritäre Ausübung der eigenen Macht verzichten, die Beteiligten an einen Tisch bringen und dort als Moderator ein bloßes Machtgerangel verhindern. Der Unternehmensberater Thomas Gordon hat dafür den Begriff der »Win-win-Methode« geprägt, kurz: »Jeder gewinnt.« Ein Konfliktgespräch vollzieht sich danach in folgenden Phasen:

Phase 1	Problem genau definieren
Phase 2	Lösungsvorschläge sammeln
Phase 3	Lösungsvorschläge bewerten
Phase 4	Einvernehmliches (!) Entscheiden für eine Lösung
Phase 5	Vereinbarungen zur Umsetzung treffen
Phase 6	Bewerten der Umsetzung (Termin vereinbaren)

Ablauf eines Konfliktgesprächs nach der Win-win-Methode[28]

Kennzeichnend für das Modell ist, dass alle Parteien Gelegenheit haben, ihre Sicht der Dinge zu schildern, und dass zunächst wertfrei Lösungsvorschläge gesammelt werden. Ob Sie das per Flipchart tun, per Pinnwand oder auf einem Blatt Papier, hängt von der Gruppengröße ab. Beim Büroproblem denkbare Lösungen könnten sein: Rotation nach einem Jahr, neue Büroausstattung für die unattraktiveren Büros oder eine andere Form der Kompensation für die ›Benachteiligten‹. Bewertet werden die Vorschläge erst im Anschluss an das Lösungsbrainstorming. Wenn unmittelbar kein Kompromiss zu erzielen ist, hilft manchmal das Überschlafen oder im schlimmsten Fall der neutrale Losentscheid, bei dem keine Seite das Gesicht verliert.

Entscheidend ist, dass bei dieser Methode alle Parteien ernst genommen werden, die Suche nach einer Lösung ergebnisoffen geführt wird und beim Sammeln und Bewerten der Lösungen automatisch wieder mehr über die Sache geredet wird. Und: Mit einer aus Ihrer Sicht zweitbesten Lösung, die vom ganzen Team getragen wird, fahren Sie erfahrungsgemäß besser als mit Ihrer eigenen, nur widerwillig akzeptierten, ›besten‹ Lösung.

Fazit aus der Praxis

> Menschliche Kommunikation ist eine höchst komplexe Angelegenheit – weit mehr als nur ein Austausch von Worten: Interpretiert wird potenziell jedes Verhalten, und das vor einem individuellen Erfahrungshintergrund.

> Jede Kommunikation hat einen Sach- und einen Beziehungsaspekt. Ein produktives Arbeitsklima ist von positiven Beziehungsbotschaften geprägt.

> Zuhören können, konstruktiv Kritik üben sowie Konflikte rechtzeitig thematisieren und mit den Mitarbeitern gemeinsam lösen: Das sind zentrale, kommunikative Führungseigenschaften; »aktives Zuhören«, »Ich-Botschaften« und die »Win-win-Methode« nützliche kommunikationspsychologische Werkzeuge.

Ihr Chef:
Wie Sie den eigenen Vorgesetzten überzeugen

Am schnellsten kommt man
auf dem Steckenpferd des Vorgesetzten voran.
RUMÄNISCHES SPRICHWORT

Die wichtigste Person im Unternehmen

»Der direkte Vorgesetzte ist mit Abstand die wichtigste Person im ganzen Unternehmen. Wer es nicht schafft, zum direkten Vorgesetzten ein gutes Verhältnis aufzubauen, wird normalerweise keine Karriere machen. Der direkte Vorgesetzte ist gewissermaßen der ›Torwächter‹, er wird gefragt von den noch höheren Ebenen: ›Was halten Sie denn von dem Mitarbeiter?‹ Wenn er sich negativ äußert, werden es sich die höheren Hierarchien, die letztlich über die Beförderung entscheiden, sehr gut überlegen, ob sie den Mitarbeiter trotzdem befördern«, betont Professor Jürgen Lürssen, langjähriger Marketingleiter und Geschäftsführer, und liefert ein zentrales Argument für seine Eingangsthese gleich mit: Eine Karriere gegen den Widerstand des eigenen Vorgesetzten ist die absolute Ausnahme – Sie brauchen Ihren Chef als Förderer. Dies betrifft nicht nur seine Fürsprache im entscheidenden Moment, wenn es attraktive Positionen zu verteilen gibt; es betrifft auch die Chancen, die Ihnen im Unternehmensalltag eröffnet werden, von attraktiven Projekten und Profilierungsmöglichkeiten bis hin zur Zuteilung von Ressourcen und Budgets. Oder andersherum: Warum sollten andere für Sie in die Bresche springen, wenn augenscheinlich nicht einmal Ihr eigener Chef viel von Ihnen oder Ihren Vorhaben hält?

Damit ist der zentrale Faktor Rückendeckung schon angesprochen: Ihr Chef hat nicht nur bei Ihrer Karriere ein wichtiges Wort mitzureden, er ist gleichzeitig Ihr entscheidender Verbündeter, wenn es darum geht, schwierige Vorhaben durchzusetzen. Frank Spandl, der seine Berufung in den Vorstand der Homola AYH Projektmanagement AG unter anderem auf seine Entwicklung strategischer Konzepte in der Anfangszeit zurückführt, meint dazu: »Rückendeckung von oben ist ganz wesentlich – vor allem, wenn es nicht nur um Abarbeitung der Alltagsarbeit geht, sondern um Veränderungen im Unternehmen. Wenn ich bei den ersten Qualitätsmanagementversuchen den damaligen Geschäftsführer nicht immer hinter mir gehabt hätte, hätte mir überhaupt kein Mensch zugehört. Es ist mir damals gelungen, ihn zu überzeugen, dass das jetzt unser aktuelles Ziel ist. Er hat es dann nach draußen verkauft, auf ihn haben die Leute gehört und dann auch akzeptiert, dass der kleine Frank Spandl anfängt, Prozesse zu verändern. Das war nicht immer ganz leicht, und es war durchaus erforderlich, dass der Geschäftsführer die Richtungsentscheidung noch mal bekräftigt – ja, wir wollen das so.«

Klaus Schwope, Creative Director einer international führenden Werbeagentur, bestätigt diese Einschätzung und weist auf einen weiteren Aspekt hin: »Rückendeckung von oben ist sehr wichtig, weil die Glaubwürdigkeit einer Führungsperson natürlich auch von diesem Backup abhängt, etwa gegenüber Kunden. Es gibt durchaus Situationen, in denen der Vorgesetzte – in meinem Fall der Kreativgeschäftsführer – sich vor einen stellen muss, für einen eintreten muss. Das ist dann eine Bewährungsprobe für das Commitment, das da herrschen sollte. Ist es tatsächlich tragfähig oder eher oberflächlich? Wenn man sicher sein kann, dass eine solide Vertrauensbasis besteht, verschafft einem dies ein ganz anderes Selbstbewusstsein, als wenn man sich jede Woche neu beweisen muss.«

Neben der Glaubwürdigkeit nach außen (gegenüber Kollegen, Mitarbeitern, Kunden) kommt damit auch das wichtige Moment der eigenen Sicherheit ins Spiel. Kaum jemand ist so nervenstark, den eigenen Bereich selbstsicher und gelassen führen zu können, wenn er sich auf einem Schleudersitz befindet oder befürchten muss, im entscheidenden Augenblick im Regen zu stehen.

Theoretisch stehen die Chancen, eine positive – konstruktiv-offene – Beziehung zum eigenen Vorgesetzten herzustellen, gar nicht schlecht: Schließlich hat er Sie mit eingestellt und ist daher grundsätzlich an Ihrem Erfolg interessiert. Wenn Sie scheitern, hat auch seine Personalauswahl versagt. In der Praxis kommt es dennoch immer wieder zu Reibereien. Das kann daran liegen, dass Ihr Chef sich als persönlich »schwierig« erweist (zu Problem-Chefs vgl. Seite 93 ff.), das kann aber auch an taktischen Fehlern Ihrerseits liegen. Worauf legen Chefs Wert? Diese Frage ist der Schlüssel zu gelungenem Chef-Management.

So unterschiedlich Vorgesetzte sein mögen – ihre grundsätzlichen Ansprüche decken sich weitgehend. Die meisten Chefs erwarten von ihren Mitarbeitern vor allem dreierlei:

1. Loyalität,
2. Leistung und
3. die Anerkennung der eigenen Autorität.

Auf die Frage, wodurch man sich seine Sympathie verscherzen könne, antwortet etwa Vorstand Frank Spandl: »Ich glaube, ich bin da ganz altmodisch: Ich erwarte von den Mitarbeitern Loyalität, weil wir als Unternehmen auch weiterhin versuchen, unseren Mitarbeitern gegenüber loyal zu sein (…)«, und Paula S., langjährige Personalleiterin, hat beobachtet: »Chefs mögen es ganz selten, wenn die untere Ebene ihnen auf gleicher Augenhöhe begegnet. Ich glaube, es ist immer noch sehr gern gesehen, wenn man sich ein bisschen kleiner macht, als der Chef selber ist, und die Hierarchie anerkennt.« Prüfen Sie sich selbst: Wie reagieren Sie, wenn sich ein Mitarbeiter hinter Ihrem Rücken abfällig über Sie bzw. das Unternehmen äußert oder Ihnen in einer Besprechung zu verstehen gibt, das sei ja alles ganz gut und schön, aber eigentlich wisse er es besser? Oder Ihnen einen klugen Ratschlag gibt, wie Sie bestimmte Dinge handhaben könnten? Oder in einer gemeinsamen Kundenbesprechung das Heft an sich reißt? Und auch auf Engagement, Zuverlässigkeit und gute Arbeitsergebnisse – sprich Leistung – werden Sie schon im eigenen Interesse Wert legen; schließlich hängt Ihr eigener Erfolg am Erfolg Ihrer Mitarbeiter. Wenn Sie sich Ihre eigenen ›Chefbedürfnisse‹ vor Augen halten, werden Ihnen die im folgenden Kapitel beschriebenen Fehler im Umgang mit dem eigenen Vorgesetzten sicher nicht unterlaufen.

Fazit aus der Praxis

> Ihr eigener Vorgesetzter ist eine Schlüsselfigur für Ihren Erfolg im Unternehmen: An ihm vorbei werden Sie kaum Karriere machen.
> Sie brauchen Ihren Chef außerdem als Verbündeten in Sachfragen. Fehlt diese Rückendeckung, schwächt das Ihre Position – und auf Dauer wahrscheinlich auch das Selbstvertrauen, das für die Durchsetzung eigener Vorhaben unerlässlich ist.
> Für eine gute Beziehung zum eigenen Chef sind drei Dinge Voraussetzung: Loyalität, Leistung und die Anerkennung seiner Autorität.

Todsünden im Umgang mit dem Chef

Loyal sein, Leistung bringen, Autorität respektieren – als Formel für eine gute Beziehung zum Vorgesetzten klingt das fast zu simpel. In der Unternehmenspraxis kann das auch durchaus komplizierter sein, wie Dr. Monika S. erfuhr. Die spätere Marketingleiterin begann Ihre Laufbahn in einem großen Chemieunternehmen nach der Promotion als Referentin in der Patentabteilung unter einem deutlich älteren Vorgesetzten und geriet bald in eine unangenehme Situation: »In meiner Anfangszeit als Referentin in der Patentabteilung bekam ich von der Geschäftsleitung den Auftrag, ein Konzept für die ›Patentabteilung der Zukunft‹ zu erstellen. Das habe ich dann auch gemacht und das Konzept auftragsgemäß der Geschäftsleitung vorgelegt – meinem Chef, dem Leiter der Abteilung, nicht. Das war aus heutiger Sicht sehr blauäugig, ein Megafehler. Mit etwas Erfahrung wäre ich zu meinem Vorgesetzten gegangen und hätte ihn eingebunden: ›Ich habe die und die Ideen, was meinen Sie dazu? Sie haben ja viel mehr Erfahrung …‹ So fühlte sich mein Vorgesetzter von mir bedroht und dachte, ich wollte ihn vorzeitig aus dem Amt kicken. Das lag gar nicht in meinem Sinn.«

Dass die Mitarbeiterin ohne sein Wissen, ›hinter seinem Rücken‹, eine Aufgabe anpackt, die ihn unmittelbar betrifft, wird vom Vorgesetzten unweigerlich als gravierender Vertrauensbruch gewertet. Da spielt es gar keine Rolle, dass die Geschäftsleitung die Angelegenheit selbst ins Rollen gebracht hat: Das wirft zwar ein schlechtes Licht auf die Unternehmenskultur (Soll hier ein älterer Mitarbeiter auf fragwürdige Weise ausgebootet, eine unerfahrene Mitarbeiterin instrumentalisiert werden?), der Zorn des Vorgesetzten richtet sich dennoch gegen das schwächere Glied der Kette. Als die Sache »auffliegt«, wird der Arbeitsalltag für Monika S. zunehmend unangenehmer: Sie erhält von Ihrem Vorgesetzten nicht mehr alle Informationen, die sie braucht, wird von wichtigen Projekten ausgeschlossen und bekommt auf der anderen Seite Aufgaben, die sie mit ihrem Kenntnis- und Erfahrungsstand gar nicht erfolgreich bewältigen kann. Als ihre Lage immer unerträglicher wird, wechselt sie schließlich aus eigenem Antrieb in eine andere Abteilung des Unternehmens.

Den eigenen Vorgesetzten in für ihn relevanten Fragen zu übergehen ist eine Sünde, die kaum ein Chef verzeiht. Die Vertrauensbasis ist in der Regel nach so einem Loyalitätsbruch unwiederbringlich zerstört. Auch auf die Gefahr hin, zwischen die Fronten von Geschäfts- und Abteilungsleitung zu geraten, hätte Monika S. ihren Chef einweihen müssen, wie sie im Nachhinein selbst betont. Diese Gefahr ist zudem nicht eben groß: Die Geschäftsleitung wird offiziell den Eindruck vermeiden, sie habe die Betroffenen tatsächlich gegeneinander ausspielen wollen. Monika S. kann also ruhigen Gewissens vorgeben, sie habe als selbstverständlich vorausgesetzt, dass Ihr Chef informiert sei oder eingebunden werden solle.

Der Fall liefert so auch ein schönes Beispiel dafür, was der Buchautor Dr. Jürgen Lürssen[29] meint, wenn er von der unsichtbaren politischen Ebene im Unternehmen redet, die es für eine erfolgreiche Karriere zu durchschauen gelte. Und schließlich: Letzter Rettungsanker in heiklen Situationen ist die persönliche Integrität. Die Wahrscheinlichkeit, dass Umstrukturierungen, Konkurrenzkämpfe oder wirtschaftlicher Druck Sie irgendwann in eine schwierige und bei allem Kalkül nicht mehr durchschaubare (und kaum beherrschbare) Lage bringen, ist nicht eben gering. Die Schlüsselfrage lautet: Können Sie bei dem, was Sie tun, am nächsten Tag noch in den Spiegel schauen?

Das Loyalitätsprinzip wie die Autorität des Vorgesetzten werden durch eine Reihe weiterer Kardinalfehler infrage gestellt, die in der Praxis immer wieder vorkommen:

- Kommunikationswege nicht einhalten,
- vor Dritten schlecht über das Unternehmen oder den Vorgesetzten reden,
- dem Vorgesetzten in der Öffentlichkeit (etwa in Meetings oder vor Kunden) widersprechen,
- sich beim nächsthöheren Vorgesetzten über den eigenen Chef beschweren.

Kommunikationswege nicht einhalten

»Wann informiert man wen, wen informiert man zuerst? Man kann sich sehr schnell ins Aus manövrieren, wenn man da die falsche Reihenfolge wählt, also jemanden übergeht«, warnt Creative Director Klaus Schwope. Ihr Chef hört beispielsweise von einem Vorstand, dass Sie erfreulicherweise einen wichtigen Schlüsselkunden gewonnen haben, und wundert sich, warum diese Erfolgsmeldung ihn nicht zuerst erreicht hat (und welche Absichten Sie mit der gezielten (?) Platzierung der Information weiter oben verfolgen). Oder: Sie organisieren sich vermittels Ihres persönlichen Drahtes ins Controlling bestimmte Daten, die Sie sonst üblicherweise über Ihren Vorgesetzen abrufen müssen, und der kommt dahinter. Oder: Der Vorgesetzte erfährt von einem Leitungskollegen, dass Sie wohl Probleme mit einem Mitarbeiter haben; Sie hätten ihn kürzlich am Rande einer Sitzung um Rat gefragt.

Die meisten Menschen sind eitel, und Chefs sind auch nur Menschen, also sind die meisten Chefs eitel. Ihr Vorgesetzter wird schon deshalb erwarten, dass Sie relevante Vorgänge zuerst an ihn kommunizieren. Den eigenen Vorgesetzten zu übergehen und sich an die nächsthöhere Ebene zu wenden verletzt überdies ein ungeschriebenes Gesetz in den allermeisten Unternehmen. Wie Sie das Topmanagement dennoch auf sich aufmerksam machen können, lesen Sie ab Seite 98.

Nörgelei und Gerede vor Dritten

»Mir ist das Beispiel eines Mitarbeiters begegnet, der auf einer Fortbildungsveranstaltung zum Trainer sagte: ›Naja, unser Chef will das zwar so, aber das Team ist eigentlich dagegen. Schau'n wir mal, ob's klappt; es werden noch Wetten angenommen.‹ Das hat der Trainer dem Vorgesetzten als Feedback weitergegeben. Der Chef hat diesen Mitarbeiter von diesem Zeitpunkt an auf der Liste gehabt und alles darangesetzt, ihn loszuwerden. Die wenigsten Unternehmenskulturen sind so, dass man solche Ereignisse offen bespricht – meist führt so etwas zum Abbruch der Beziehung«, berichtet Paula S.

Eine vergleichsweise harmlose Äußerung mit drastischen Folgen. Beißen Sie sich deshalb lieber die Zunge ab, als Ihren Boss hinter seinem Rücken zu kritisieren. Sie können überhaupt nicht absehen, wohin ein solches Statement durch Büroklatsch und -tratsch (oder auch durch einen missgünstigen Konkurrenten) getragen wird. Dasselbe gilt für Negativbemerkungen über Ihr Unternehmen. Beides fällt in der Außendarstellung letztlich auf Sie selbst zurück: Sie schüren nicht nur Zweifel an Ihrer Loyalität; wer gegenüber Kunden oder der Konkurrenz jammert und meckert, gilt schnell als notorischer Nörgler oder als Loser, der unerfüllten Karriereambitionen nachtrauert. Im Übrigen prädestiniert Sie das auch nicht gerade zum Anwärter auf den nächsten attraktiven Posten beim Mitbewerber.

Öffentliche Konfrontation

Kritik am Vorgesetzten gehört ins Zweiergespräch (wie konstruktive Kritik überhaupt). Sich in einem Meeting vor anderen vom Chef zu distanzieren oder ihm gar Fehler in der Darstellung eines Sachverhaltes nachzuweisen führt geradewegs auf ein berufliches Abstellgleis. Ob Ihre Einwände sachlich berechtigt sind oder nicht, spielt dabei keine Rolle – Ihr Vorgesetzter erwartet zu Recht, dass Sie ihn entweder *vorher* auf kritische Punkte hinweisen oder *im Anschluss* das Gespräch mit ihm suchen. Der Gesichtsverlust, der damit einhergeht, dass sich Ihr Chef von einem ›Untergebenen‹ vorführen lassen muss, ist durch kein noch so gutes Sachargument aufzuwiegen. »Der hat ja nicht mal seine eigenen Mitarbeiter im Griff!« oder »Meine Güte, wie inkompetent muss der sein, dass ihm sein eigener Mitarbeiter hier Fehler nachweist!«, bringt Dr. Jürgen Lürssen den Eindruck, den die andere Seite bei einem solchen Vorfall gewinnt, auf den Punkt. Kein Wunder, dass Ihr Boss Ihnen das kaum verzeihen wird. Wer es nach oben geschafft hat, legt normalerweise auch Wert auf Ansehen und Status einer Führungsposition, und an diesem Lack sollten Sie besser nicht kratzen. Lassen Sie sich also nicht von offiziösen Statements in die Irre führen, die etwa die ›offene Diskussionskultur‹ im Unternehmen oder das ›Zählen des besten Sacharguments‹ betonen.

Beschwerde beim Boss vom Boss

Zu glauben, man könne Probleme mit dem eigenen Chef über die nächste Ebene lösen, ist in der Regel ein Trugschluss. Warum, erläutert Dr. Jürgen Lürssen, langjähriger Marketingleiter und Geschäftsführer:

»Mit einer Beschwerde über mich beim nächsthöheren Vorgesetzten war ich in meiner Laufbahn selbst zweimal konfrontiert. Der Effekt ist immer der gleiche: Der Chef vom Chef geht zum direkten Vorgesetzten und fragt: ›Was ist los? Ich habe hier eine Beschwerde von …‹ Dann stellt man als Vorgesetzter den Sachverhalt aus seiner Sicht dar – und wem wird der Chef vom Chef wohl mehr glauben? Selbst wenn das Verhältnis zwischen den beiden Chefs nicht so gut ist, verstößt eine Beschwerde weiter oben gegen das hierarchische Prinzip. Und dieses Prinzip sagt: Jede Stufe ist der nächsten gegenüber zur Loyalität verpflichtet – das gilt nach oben wie nach unten. Der obere Chef muss also seine Mitarbeiter ›decken‹. Wenn er das nicht tut, wird das ganze System von Befehl und Gehorsam infrage gestellt.« Dem ist wohl nichts hinzuzufügen …

Fazit aus der Praxis

> Kardinalfehler im Umgang mit dem eigenen Vorgesetzten sind das Nicht-Einhalten von Kommunikationswegen, Negativäußerungen über das Unternehmen oder den Chef gegenüber Dritten, eine

öffentliche Konfrontation oder eine Beschwerde beim Topmanagement – und alles andere, was seine Autorität infrage stellt oder Zweifel an Ihrer Loyalität schürt.

> Erliegen Sie nicht dem Trugschluss, in der Kooperation mit Ihrem Chef ginge es ausschließlich um ›die Sache‹. Ihr Vorgesetzter ist ein Mensch mit Eitelkeiten und Emotionen wie jeder andere auch. Er wird es Ihnen kaum verzeihen, wenn Sie ihm einen Gesichtsverlust zufügen.

Wie Sie Ihren Vorgesetzten ins Boot holen

Totale Anpassung gefragt?

Der eigene Vorgesetzte als Schlüsselfigur für die Karriere – heißt das, Sie müssen sich blind seinen Vorgaben und Ideen unterwerfen? Böse Zungen behaupten, erstklassige Chefs hätten erstklassige Mitarbeiter, während zweitklassige Chefs nur drittklassige Leute um sich herum ertragen könnten. Und Anpassertum und ›Erstklassigkeit‹ passen schlecht zusammen. Dr. Jürgen Lürssen teilt diese Auffassung: »Ein guter Vorgesetzter sieht in seinen Mitarbeitern Sparringspartner und erwartet Widerspruch – Widerspruch in der Sache – und sei es nur mit dem Ziel, dass seine eigene Meinungsbildung dadurch auf eine sicherere Grundlage gestellt wird. Wenn ich ein Thema mit mehreren Mitarbeitern kontrovers diskutiert habe, kenne ich zum einen die Gegenargumente und kann zum anderen entscheiden, was ich davon übernehme. Dann bin ich auch viel sicherer, meine Meinung nach oben zu vertreten. Jasagertum ist in diesem Zusammenhang wenig hilfreich.«

Das ist nicht nur ein guter Hinweis für den Umgang mit den eigenen Mitarbeitern, sondern auch eine hilfreiche Maxime für Ihr persönliches Chef-Management. Normalerweise traut man Ihnen eine Führungsaufgabe auch deswegen zu, weil Sie sich als kompetenter Kopf erwiesen haben. Man erwartet daher, dass Sie die Dinge anpacken, Richtung vorgeben, eigene Akzente setzen. Mit blindem Gehorsam schüren Sie berechtigte Zweifel an dieser Fähigkeit. Eigene Ideen sind gefragt; wer sich da bedeckt hält, hat schnell das Image eines blassen Anpassers oder bloßen Erfüllungsgehilfen. Entscheidend ist vielmehr, dass Sie Ihre Ideen zunächst intern mit Ihrem Vorgesetzten abstimmen, statt sich gleich öffentlich (und womöglich noch auf seine Kosten) damit zu profilieren.

> Ein guter Chef erwartet von Ihnen eigene Ideen und Anstöße –
und eine kluge Abstimmungspolitik.

Wohin will Ihr Chef? Ziele abstimmen

Ganz so einfach, wie es auf den ersten Blick aussieht, ist die Zielkoordina-
tion leider meist nicht. Das liegt zum einen daran, dass offizielle Absichtserklärungen (»Wir wollen den Bereich X modernisieren …«) manchmal nur
die halbe Wahrheit sind (»… aber ganz behutsam, sonst geht der Betriebsrat
auf die Barrikaden«). Das liegt zum anderen daran, dass gerade Änderungs-
vorhaben oft relativ wolkig umschrieben werden (etwa mit Leerformeln wie
»frischen Wind brauchen«, »auf den neuesten Stand bringen«, »nötige Veränderungen einleiten«). Was das in der Praxis heißen kann, bleibt vage. Paula S., die bei der praktischen Umsetzung offiziell verkündeter Innovations-
absichten schon einmal aneckte, rät daher: »Grundsätzlich muss man immer
wieder prüfen: Sind wir [d.h. der Vorgesetzte und ich] noch auf dem gemeinsamen Weg? Meinen wir tatsächlich das Gleiche, wenn wir über bestimmte Dinge reden? Außerdem sollte man das Tempo abstecken und sich
auch über die Zwischenschritte verständigen. Das ist ganz wichtig, wenn
man neu irgendwo anfängt. Sich also nicht nur eine Aufgabe abholen und
dann loslegen, sondern sich selber und dem Chef die Zeit geben, das tiefer
auszuloten. In welchem größeren Kontext steht die Aufgabe? Ist die Aufgabe wirklich ernst gemeint oder ist sie vielleicht nur ein Mittel zum Zweck?
Und wenn ja, wo ist die rote Linie?«

Auch hier schimmert wieder die Ebene der Firmenpolitik unter dem offiziellen Firmengeschehen durch. Und zu erkennen, wo die »rote Linie« in
bestimmten Bereichen verläuft, ist gerade für Firmenneulinge ungeheuer
schwer. Regelmäßiges Feedback einzuholen, die Abstimmung mit dem Vorgesetzten über Vorhaben selbst zu forcieren empfiehlt sich daher dringend.
Solange Sie weder wissen, wo im Unternehmen die Fettnäpfe stehen, noch,
ob Sie und Ihr Vorgesetzter tatsächlich die gleiche Sprache sprechen, halten
Sie ihn über wesentliche Entwicklungen besser auf dem Laufenden. So
sichern Sie sich einerseits seine Rückendeckung und geben ihm andererseits
Gelegenheit, rechtzeitig warnend einzuschreiten.

Wie viel Gestaltungsfreiraum Ihr Vorgesetzter Ihnen lässt, wird von der
Unternehmenssituation, aber auch von seiner Persönlichkeit abhängen.

Grundsätzlich gilt jedoch: Ihre persönlichen Zielvorstellungen müssen mit denen Ihres Chefs zur Deckung zu bringen sein, sonst haben Sie ein gravierendes Problem. Über Umsetzungsfragen und Schwerpunkte kann man unterschiedlicher Meinung sein, über Richtungsentscheidungen kaum. Für Paula S. ist klar, dass der Vorgesetzte die »rote Linie« für das eigene Verhalten definiert; Dr. Jürgen Lürssen geht noch einen Schritt weiter: »Zentral wichtig ist, mit der Einstellung in den Job zu gehen, den Chef in jeder Hinsicht zu unterstützen bei der Durchsetzung seiner Ziele. Als Mitarbeiter bin ich nur dazu da, meinen Chef bei der Durchsetzung seiner Ziele zu unterstützen – dafür werde ich bezahlt. Was seine Ziele sind, entscheidet er ganz allein. Insofern gibt es auch nicht ›objektiv richtige‹ Ziele und Aufgaben für meine Person, für meine Funktion. Ich kann mir nicht anmaßen, selbst zu definieren, was denn eigentlich meine Aufgaben wären.« Mit anderen Worten: Wenn Ihnen ›die ganze Richtung‹ nicht passt, ist die Frage nicht, ob Sie Ihren Chef vom Gegenteil überzeugen können, sondern ob Sie selbst am richtigen Platz sind.

Im Übrigen sollten Sie nicht davon ausgehen, dass alle Ziele, die man mit Ihrer Beförderung oder Neuanstellung anstrebt, auch offen kommuniziert werden. Dr. Monika S., sechs Jahre Marketingleiterin in einem großen Chemieunternehmen, meint über ihren Aufstieg: »… eine Überlegung hier im Unternehmen war sicher, die Marketingabteilung ein bisschen zu entstauben und den Muff da rauszukriegen. Wahrscheinlich hat man gedacht, wenn man dort eine junge Person hinsetzt, klappt das am ehesten – die Kollegen, die schon lange Jahre im Unternehmen waren, hätten das vermutlich nicht mehr hinbekommen.« Und Dr. Jürgen Lürssen berichtet über seine Berufung zum Geschäftsführer der Schweizer Niederlassung eines Großunternehmens der Konsumgüterindustrie: »Mein Vorgänger war entlassen worden, und man hatte mich in die Schweiz geschickt, um die dortige Tochtergesellschaft wieder in Ordnung zu bringen. Das hat man mir so zwar nicht gesagt, aber das war mir schnell klar – schon in den ersten Tagen, als ich die Zahlen auf dem Tisch hatte.«
Die eigene Ausgangslage nüchtern und unvoreingenommen zu analysieren wird Ihnen niemand abnehmen …

Fazit aus der Praxis

> Betrachten Sie Ihren Chef als wichtigsten Kunden im Unternehmen: Ihre persönlichen Ziele sollten zur Erreichung seiner Ziele beitragen.

> Halten Sie Ihren Chef über entscheidende Maßnahmen auf dem Laufenden und stellen Sie sicher, dass Sie die gleiche Sprache sprechen, wenn über bestimmte Vorhaben geredet wird.
> Seien Sie darauf gefasst, dass nicht alle Zielvorstellungen offen benannt werden und dass offizielle Absichtsbekundungen nicht in jedem Fall eins zu eins in die Praxis umgesetzt werden sollen.

Wie Sie am ehesten überzeugen

»Mein Tipp, wie man den eigenen Vorgesetzten am besten ins Boot holt: Ich muss mein Projekt, bevor ich es präsentiere, sehr weit vordenken. Das sehe ich auch bei meinen eigenen Mitarbeitern: Die kommen oft mit etwas, das so unausgegoren ist, das es hundert Angriffspunkte bietet. Wenn ich schlechte Laune oder wenig Zeit habe, massakriere ich so etwas innerhalb von zwei Minuten«, meint Thomas B. Wenn nicht gerade ein Brainstorming auf der Tagesordnung steht, sollten Sie Ihren Chef also besser nicht mit Dingen konfrontieren, die Sie selbst noch nicht zu Ende gedacht haben.

Zur optimalen Vorbereitung gehört auch, mögliche Gegenargumente vorwegzunehmen und gute Antworten darauf parat zu haben. Je besser Sie Ihren Vorgesetzten kennen, desto leichter wird Ihnen das fallen: Die meisten Menschen haben ganz bestimmte Punkte, bei denen Sie besonders empfindlich reagieren. Möglicherweise hat Ihr Chef eine Vorliebe für Zahlen und Statistiken, die Ihre Thesen belegen, oder er wünscht Einschätzungen, wo die wichtigsten Mitbewerber in einer Frage stehen. Manche Menschen sind mit ausführlichen schriftlichen Konzepten zu beeindrucken, andere dagegen hassen es, ›mit Papier zugeschüttet zu werden‹.

Wirklich überzeugend wirkt zudem nur, wer selbst von seiner Sache überzeugt ist. Frank Spandl, Vorstand in der Baubranche, wird bei ›Bedenkenträgern‹ skeptisch: »Beim Führungsnachwuchs kommen in unserem Vorstandskreis immer die Leute am besten an, die das Glas halb voll sehen und nicht halb leer – Leute, die die Chancen sehen und sich nicht nur an Risiken aufhalten. Natürlich muss man auch über Risiken reden, aber für ein dynamisches Unternehmen ist es wichtig, Möglichkeiten zu erkennen und zu nutzen. Wenn jemand, dem wir mehr Verantwortung zutrauen, sehr zögerlich ist und sich sehr stark mit ungelösten Einzelfragen und Eventualitäten aufhält, statt die übergeordneten Chancen zu sehen, merke ich, wie ich auf Abstand gehe und mein Vertrauen in die Person abnimmt.«

Es ist daher ein Fehler, über viele Wenn und Aber kritisches Potenzial beweisen zu wollen. Alles zu hinterfragen und auf Probleme hinzuweisen, mag an der Universität honoriert werden; im Unternehmen bezahlt man Sie dafür, dass Sie die Probleme *lösen*. Nicht ohne Grund werden Tatkraft und Entscheidungsfreudigkeit zu den Schlüsselqualifikationen im Führungsbereich gezählt. Konkret bedeutet das: Die meisten Vorgesetzten ziehen Leute, die mit Lösungsangeboten kommen, solchen vor, die sich erst einmal in aller Ausführlichkeit über Schwierigkeiten ausbreiten. (Das geht Ihnen selbst als Chef wahrscheinlich genauso, oder?)

Wie man das taktisch umsetzt, illustriert Werner M., Programmleiter in einem mittelständischen Publikumsverlag. Nach einem knappen Jahr in der Programmleitung wuchs bei ihm die Unzufriedenheit über seinen Aufgabenzuschnitt: Erreichbar waren die gesetzten Ziele seiner Ansicht nach nur unter Abgabe bestimmter Teilbereiche. Zum Gespräch mit seinem Vorgesetzten über dieses Problem meint er: »Es kommt natürlich darauf an, wie man das artikuliert. Man darf nicht hingehen und sagen: ›Lieber Chef, du hast mich völlig überfordert, nimm mir wieder was ab!‹, sondern man muss hingehen und sagen: ›Du hast mich da und dafür eingestellt, und ich weiß auch, wie das zu machen ist – nur der Aufgabenzuschnitt stimmt nicht ganz. Ich finde, das sind keine optimalen Arbeitsbedingungen. Ich schlage folgende Änderung vor: …, und davon hast du folgenden Vorteil.‹ Man darf nicht hilflos erscheinen, sondern muss im Vollbesitz seiner gestalterischen Kräfte einen Vorschlag machen, wie es anders sein könnte.«

Fazit aus der Praxis

> Sprechen Sie die Sprache Ihres Chef, wenn Sie ihm wichtige Vorhaben schildern. Bereiten Sie sich auf mögliche Gegenargumente sorgfältig vor.
> Präsentieren Sie Ihre Ideen lösungsorientiert. Problemlöser sind beliebter als Bedenkenträger. Ideal: Sie können Ihrem Vorgesetzten Vorteile aufzeigen, die Ihre Lösung ihm bietet.

Problemchef – Was tun?

Um es gleich vorwegzunehmen: Es gibt tatsächlich Situationen, in denen Kündigung die einzig vernünftige Lösung ist. Mitunter spielt das Leben kaum besser als eine durchschnittliche TV-Vorabendserie. Thomas B., mittlerweile im Vorstand einer größeren Kreditgenossenschaft:

»Einer der Gründe, meine erste Bank zu verlassen, war ein Problem mit meinem Chef, das aus einer ganz merkwürdigen Richtung kam: Man hatte die Schwester der Sekretärin des Revisionsleiters, eine studierte Juristin, angestellt, und eigentlich wusste niemand in der Bank so recht, was man mit ihr anfangen sollte. Schließlich landete die Dame in der Kreditrevision – zu einer Zeit, als ich alleiniger Kreditrevisor war. Damit änderte sich das Verhalten des Revisionsleiters mir gegenüber schlagartig zum Negativen – ohne dass ich ihm inhaltlich dafür Anlass gegeben hätte. Man hat mir später von anderer Seite bestätigt, dass es eigentlich nur darum ging, mir diese Frau (die ja studiert hatte, während ich nur Bankkaufmann war) als Abteilungsleiterin für die Kreditrevision vor die Nase zu setzen. Es lief also plötzlich eine Mobbingaktion gegen mich.

Ich denke, die Beziehung zwischen Mitarbeiter und Chef ist eine Art Geben und Nehmen. Damals hatte ich das Gefühl, dass mein Vorgesetzter meine Leistung, von der ich überzeugt war, nicht mehr honoriert – aus welcher Motivation auch immer. Das war der Punkt, wo ich gesagt habe, jetzt muss sich was verändern.«

Wenn das Verhältnis zu Ihrem Vorgesetzten irreparabel gestört ist, sei es aufgrund unüberbrückbarer sachlicher Kontroversen, sei es aufgrund eines schwer wiegenden Vertrauensbruchs einer Seite oder einfach, weil Sie persönlich überhaupt nicht miteinander klarkommen, sollten Sie sich neu orientieren. Zwischen dem persönlichen ›Traumchef‹ einerseits und dem personifizierten Albtraum andererseits allerdings liegt das weite Feld normaler menschlicher Unzulänglichkeiten, unterschiedlicher Arbeitsweisen und persönlicher Sympathie oder Antipathie. Wenn Sie ein Problem mit Ihrem Chef haben, lässt es sich vielleicht durch eine kluge Verhaltensstrategie eindämmen. Im Folgenden einige typische ›Problemchefs‹ und Vorschläge, wie Sie gegensteuern können.

Besserkönner und Delegationsmuffel

Symptome: Sie starten voller Elan in Ihre Führungsaufgabe – und merken schnell: Eigentlich will Ihr Chef das Heft gar nicht aus der Hand geben. Häufig ergibt sich eine solche Situation, wenn Sie in die Fußstapfen des gerade aufgestiegenen Vorgesetzten treten oder Teile seines Aufgabenbereiches übernehmen sollen. Möglicherweise ist Ihr Chef im Grunde seines Herzens fachverliebt und kann sich deshalb nicht von bestimmten Inhalten lösen. Oft hindert auch die Angst vor Kontroll- und Machtverlust Vorgesetzte daran, Aufgaben umfassend zu delegieren (zum Delegieren vgl. Seite 156 ff.). Das Resultat ist in beiden Fällen das gleiche – Ihr Vorgesetzter regiert immer wieder in Ihren Aufgabenbereich hinein, steht im schlimmsten Fall Ihren Mitarbeitern weiterhin als unmittelbarer Ansprechpartner zur Verfügung. Gespräche über Ihren Kopf hinweg untergraben Ihre Führungsrolle; Sie bekommen die Verantwortung für Ihre eigentlichen Aufgaben nur halbherzig übertragen und werden zum bloßen Erfüllungsgehilfen degradiert.

Gegenstrategie: Bringen Sie Ihr Problem diplomatisch zur Sprache. Sie schätzen die langjährige Erfahrung des Vorgesetzten sehr und bauen auf seine Unterstützung, kommen aber in eine heikle Lage, wenn Verantwortlichkeiten nicht klar abgegrenzt sind. Versuchen Sie ein Agreement zu erreichen, mit dem beide Seiten leben können: Sie werden Ihren Vorgesetzten intern (durch regelmäßige Feedback-Gespräche) stark einbinden, er verzichtet auf sichtbare Eingriffe in Ihren Bereich. Vermeiden Sie, dass die Situation zu einem Machtkampf eskaliert, den Sie kaum gewinnen können. Setzen Sie stattdessen darauf, dass Sie durch gute Sacharbeit und offene Informationspolitik die Zügel auf Dauer lockern können. Mit etwas Glück hat Ihr Vorgesetzter zudem bald so viel mit seinen neuen eigenen Aufgaben zu tun, dass ihm für eine Doppelregentschaft schlicht die Zeit fehlt ...

Choleriker und Tyrannen

Symptome: Ihr Chef ist ein wandelndes Pulverfass – aus nichtigen und weniger nichtigen Anlässen kann er völlig die Contenance verlieren. Gleichgültig ob in der Abteilungsleiterrunde, im Zweiergespräch oder sogar beim Kunden – seine Wutausbrüche sind bekannt und gefürchtet. Wenn Sie Glück haben, sind solche Auftritte relativ selten; wenn Sie Pech haben, sind Sie mit einem waschechten Tyrannen konfrontiert, der seine Launen hemmungslos auslebt und seine Führungsrolle für ein wahres Schreckensregiment missbraucht. Im einen Moment liebenswürdig, im nächsten ein brüllendes Monster, und all das sachlich völlig unkalkulierbar. Nach oben, zur Geschäftsleitung allerdings, wahrt er den Schein oder buckelt sogar recht erfolgreich.

Gegenstrategie: Hier ist offensichtlich jemand über das Maß seiner eigenen Möglichkeiten hinaus aufgestiegen – getreu dem Peter-Prinzip. Und auch, wenn kaum jemand das offen zugeben wird: Dass das Unternehmen bei dieser Personalauswahl versagt hat, ist ziemlich offensichtlich und eigentlich auch jedermann klar. Bequemlichkeit, Konfliktscheu, die aktuellen Machtverhältnisse oder schlicht Gleichgültigkeit können die Ursache dafür sein, dass man diesen Fehler (noch) nicht korrigiert hat. So bitter das ist: Die Situation auszuhalten, die Zähne zusammenzubeißen und möglichst gute Arbeit zu leisten wird Ihnen im Unternehmen Respekt verschaffen und die Chance erhöhen, dass sich für Sie andere Perspektiven ergeben. Schließlich erwartet man von Ihnen als Führungskraft ein gewisses ›Standing‹ …

Im Umgang mit dem Wüterich sollten Sie Selbstbewusstsein demonstrieren, ohne seinen Zorn durch Zurückbrüllerei anzuheizen. Lassen Sie sich nicht einschüchtern – lassen Sie ihn lieber stehen, wenn er völlig über die Stränge schlägt. Wiegen Sie sich nicht in der Hoffnung, Sie könnten diesen Menschen ändern oder seine Ausbrüche irgendwie verhindern: Es liegt nicht an Ihnen, das Problem hat Ihr Boss.

Ob sich eine Beschwerde bei der Geschäftsleitung lohnt (unter normalen Umständen ein absoluter Fauxpas) oder ob Sie sich dadurch ins Abseits manövrieren, ist schwer abzuschätzen. Wie sicher sitzt Ihr Vorgesetzter im Sattel? Kann er wirtschaftliche Erfolge vorweisen, oder sinkt sein Stern bereits? Hat er mächtige Verbündete oder nicht? Gerät er durch hohe Mitarbeiterfluktuation zunehmend unter Druck? Wägen Sie das sorgfältig ab, bevor Sie ihm für alle sichtbar den Kontrakt aufkündigen.

Falsche Pferde

Symptome: Nach einigen Wochen im Unternehmen wird Ihnen klar: Besonders viel Ansehen genießt Ihr Vorgesetzter hier nicht. Vielleicht hat er sich durch Fehlschläge in der Vergangenheit ein hartnäckiges Loser-Image erarbeitet; vielleicht gilt er einfach als durchsetzungsschwach und wenig kompetent. Jedenfalls zählt seine Abteilung nicht zu den ausgesprochenen

Karrieresprungbrettern in der Firma, sie gilt eher als Sammelbecken der Mittelmäßigkeit. Sie machen sich Sorgen, dass dieses Negativimage auf Sie abfärbt.

Gegenstrategie: Ihre Sorgen sind berechtigt. Gegensteuern können Sie allerdings kaum, indem Sie sich von Ihrem Vorgesetzten distanzieren – Sie sitzen wohl oder übel erst einmal im selben Boot. Leisten Sie gute Arbeit und sorgen Sie dafür, dass dies auf Leitungsebene sichtbar wird. Gute Beiträge in Meetings, bei denen die Geschäftsleitung anwesend ist, Übernahme von Sonderaufgaben in abteilungsübergreifenden Arbeitskreisen, Nutzung informeller Anlässe (Neujahrsempfänge, Betriebsfeste), um mit Entscheidungsträgern ins Gespräch zu kommen, gezielte sachliche Vorstöße, die man zu Ihnen zurückverfolgt – all das kann diesen Zweck erfüllen. Gute Leistungen sprechen sich normalerweise herum, wenn Sie es ein bisschen geschickt anstellen. Bleiben Sie Ihrem Vorgesetzten gegenüber loyal; stellen Sie ihn in keinem Fall öffentlich bloß. Damit beweisen Sie neben Ihrer Sachkompetenz auch die nötige Sozialkompetenz für weitere Aufgaben.

Karrieristen und Blender

Symptome: Ihr Chef will nach oben – und dafür ist ihm fast jedes Mittel recht. Da ihm daran gelegen ist, dass sein eigener Stern möglichst hell strahlt, fürchtet er störende Konkurrenz und stellt Ihr Licht eher unter den Scheffel. Zu entscheidenden internen Meetings oder Kundenbesprechungen zieht er Sie nur hinzu, wenn es gar nicht anders geht; er achtet argwöhnisch darauf, imageträchtige Aufgaben oder Auftritte mit Außenwirkung selbst zu absolvieren und scheut auch nicht davor zurück, sich mit fremden Federn zu schmücken – Ihren beispielsweise.

Gegenstrategie: Wenn Ihr Chef Ihre Ideen als seine verkauft, sitzen Sie in der Zwickmühle. Ihn öffentlich bloßzustellen verbietet die Loyalität; machen Sie gute Miene zum bösen Spiel, ist das nicht gerade karrierefördernd. Bauen Sie dem Ideenklau lieber geschickt vor: Durch schriftliche Abstimmungsprozesse und geschickte Erweiterung Ihres Verteilers können Sie Ihre Urheberschaft deutlich machen. Brüten Sie nicht im stillen Kämmerlein über Konzepten, nutzen Sie Ihr Firmennetzwerk, um sich Anregungen und Feedback im Kollegenkreis zu holen. Davon werden Sie nicht nur inhaltlich profitieren, es wird auch sichtbar, woran Sie arbeiten. Nutzen Sie die Anregungen aus dem letzten Abschnitt, um sich auf dem Firmenparkett gut einzuführen.

Kluge Köpfe in der eigenen Abteilung kann ein Vorgesetzter normalerweise nicht dauerhaft verstecken. Kompetenz spricht sich herum, auch wenn Ihr Chef keine Werbung für Sie macht – durch zufriedene Kunden, durch Kontakte und Zusammenarbeit mit anderen Abteilungen, durch überzeugende Auftritte in größerem Rahmen. Dr. Jürgen Lürssen, Marketingleiter und Geschäftsführer, rät daher einerseits zu Besonnenheit, empfiehlt in Extremfällen allerdings, Klartext mit dem Vorgesetzten zu reden:

»Wenn sich der Chef mit meinen Federn schmückt, muss ich ihm deutlich machen, dass ich für die eigene gute Leistung gerne auch ein entsprechendes Feedback bekommen möchte. Nicht immer steckt böse Absicht hinter solchem Verhalten, manchmal schlicht auch Vergesslichkeit. Häufig ist für den Erfolg eines Mitarbeiters ja auch nicht allein der Mitarbeiter verantwortlich, sondern ebenso der Chef, der ihm die richtige Aufgabe und die richtige Unterstützung gegeben hat. Einem wirklich böswilligen Chef allerdings, etwa jemandem, der im Extremfall meinen Namen auf einer Ausarbeitung ausradiert und durch seinen ersetzt, muss man deutlich sagen, dass es so nicht geht.«

Unnahbare

Symptome: »Führungskräfte motivieren sich selbst«, heißt es oft – eine Floskel, die durch bloße Wiederholung auch nicht wahrer wird. Ein wichtiges Moment der Motivation, persönliche Wertschätzung (etwa durch positives Feedback und freundlichen Umgang in der Zusammenarbeit), enthält Ihnen Ihr eigener Vorgesetzter jedenfalls vor. Kühl, unnahbar und technokratisch führt er seinen Bereich; Mitarbeiter sind im Wesentlichen Funktionsträger. Und solange Sie richtig funktionieren, besteht für Ihren Vorgesetzen kein Anlass für ›überflüssige‹ Worte. Wenn etwas nicht zu seiner Zufriedenheit läuft, wird er sich schon melden. Ansonsten werden Sie das Gefühl nicht los, kaum mehr zu sein als ein notwendiger Posten auf der Gehaltsliste des Unternehmens.

Gegenstrategie: Hoffen Sie nicht darauf, Ihren Vorgesetzten durch eigene Vorstöße (Einklagen von Feedback oder persönliche Offenheit) aus der Reserve zu locken: Er wird Ihr Verhalten als unprofessionell betrachten und das Ganze womöglich als peinlich empfinden. Freunden Sie sich mit dem

Gedanken an, dass hier jemand sein Schneckenhaus pflegt und Anerkennung für überflüssig hält. Müßig, darüber zu spekulieren, warum Ihr Chef nicht loben und erst recht nichts Persönliches preisgeben mag – manch einer legt sich beim Erklettern der Karriereleiter einen harten Panzer zu, andere mögen früh erlittene Kränkungen verarbeiten. Gewöhnen Sie sich an, sein Schweigen für Lob zu nehmen, und holen Sie sich Ihre Bestätigung anderswo – bei vertrauenswürdigen Kollegen, in einem beruflichen Netzwerk, eventuell bei einem Mentor oder professionellen Coach und nicht zuletzt aus den sichtbaren Erfolgen Ihrer eigenen Arbeit. Damit Sie die über allen Alltagsproblemen nicht vergessen, kann es sich durchaus lohnen, in regelmäßigen Abständen eine schriftliche Erfolgsbilanz zu ziehen.

Im Übrigen: Wer im Job sehr viel ›Nestwärme‹ braucht, steht in einer Führungsposition schnell auf verlorenem Posten. Vielleicht erwarten Sie im Job einfach etwas, das Sie eher in privaten Beziehungen suchen sollten?

Fazit aus der Praxis

> Wenn das Verhältnis zu Ihrem Chef irreparabel gestört ist, etwa durch einen offenen Vertrauensbruch oder den Entzug jeglicher Unterstützung für Ihre Arbeit, sehen Sie sich besser nach einem neuen Job um.

> Weniger gravierende Chefprobleme begrenzen Sie am ehesten, indem Sie sich strategisch klug auf die Eigenheiten Ihres Vorgesetzen einstellen. Verhalten Sie sich ihm gegenüber loyal, bleiben Sie jedoch nicht passiv, sondern gestalten Sie die Spielregeln der Zusammenarbeit aktiv mit. Je nach Cheftyp kann das vom diplomatischen Aushandeln (etwa bei Delegationsproblemen) über die Korrektur eigener Erwartungen (zum Beispiel bei unnahbaren Vorgesetzten) bis zu geschickten Abwehrmaßnahmen (wie beim Ideenklau) reichen.

Karriere im Visier – das Topmanagement aufmerksam machen

»Es nützt nichts, einen Weltrekord zu laufen, wenn niemand da ist, der ihn beobachtet«, so der nützliche Hinweis von Wolfgang Schur und Günter Weick in *Wahnsinnkarriere*, einem satirischen Brevier für Karrieristen.[30] Ihr

Rat: »Bewege dich im Zentrum der Macht.« Gute Leistungen allein reichen nicht aus, um die nächste Stufe auf der Karriereleiter zu nehmen – sie zahlen sich bestenfalls dann aus, wenn die richtigen Leute sie auch bemerken. Dazu gehört natürlich Ihr unmittelbarer Vorgesetzter, der die Qualität Ihrer Arbeit normalerweise durch die direkte Zusammenarbeit schätzen lernen sollte. Dazu gehört aber auch das Topmanagement, und da wird die Angelegenheit schon komplizierter – schließlich gilt in den meisten Unternehmen das ungeschriebene Gesetz, bei der Kommunikation nicht einfach die Hierarchien zu überspringen.

Natürlich können Sie darauf hoffen, dass Ihr Vorgesetzter sich an höherer Stelle lobend über Sie äußert. Ein fairer Chef wird das auch tun und sich nicht mit fremden Federn schmücken. Trotzdem stehen Ihre Karrierechancen nicht besonders gut, wenn man weiter oben mit Ihrem Namen kein Gesicht verbindet oder Sie allenfalls als blassen Funktionsträger im Gedächtnis hat. Sie müssen daher Wege finden, die nächste Führungsebene positiv auf sich aufmerksam zu machen.

Gutes Marketing in eigener Sache gehört zum Aufstieg dazu, darüber sind sich erfahrene Führungskräfte einig. »Für einen Aufstieg wichtig ist außerdem ein gewisses Showtalent – dass man in der Lage ist, vor Menschen zu sprechen, seine Ideen auch zu verkaufen. Ich bin bemerkt worden, hier im Unternehmen, nicht nur von den Vorgesetzten, sondern auch von Kunden. Das ist eine Gabe, die ich mitgebracht habe, die ich im Laufe der Zeit aber auch weiter trainiert habe«, meint etwa Frank Spandl, Vorstand der Homola AYH Projektmanagement AG. Und Paula S. erklärt: »Die große Schnittmenge bei erfolgreichen Menschen ist meiner Beobachtung nach, dass sie drüber reden, was sie machen und wie gut sie es machen. Sich eher nach oben statt nach unten zu orientieren ist ein weiteres Erfolgsmoment – dass man nicht unbedingt die Basis hinter sich haben möchte, sondern sichergehen will, ›die Top-Führungskräfte finden mich klasse‹. Also dass man von den Top-Leuten gesehen wird, dass man sich auf Tagungen zu Wort meldet, dass man sich mit dem Chef trifft und dort irgendetwas Wichtiges oder Witziges sagt.«

Damit beschreibt die erfahrene Personalleiterin bereits das zentrale Mittel, die Aufmerksamkeit der Spitzenleute auf sich zu ziehen – die optimale Nutzung jener wenigen Gelegenheiten, bei denen Sie mit dem Topmanagement zusammentreffen. Neben fundierten Beiträgen auf Tagungen betrifft dies vor allem:

- hausinterne Meetings mit ›hoher‹ Besetzung:
  Hier sollten Sie exzellent vorbereitet und sachkundig auftreten, gleich-

gültig, ob Sie eine Präsentation zu halten haben oder sich aktiv an der Diskussion beteiligen.

- informelle Firmenanlässe (Neujahrsempfänge, Betriebsfeste, Jubiläen …): Suchen Sie das Gespräch mit Vertretern der Top-Ebene. Durch gewandtes Auftreten und unterhaltsamen Smalltalk werben Sie ebenso für Ihre Person wie durch beiläufige Kommentare zu gelungenen Projekten, an denen Sie entscheidenden Anteil hatten.

- gemeinsame Geschäftsreisen:
Jürgen Lürssens Rat für gemeinsame Flüge oder Fahrten zu Auswärtsterminen: »Keine Angst vor hohen Tieren, setzen Sie sich neben den Oberboss!«

Berührungsängste wären also gerade das falsche Signal, schon weil neben aller Fachkompetenz auch selbstbewusstes und eloquentes Auftreten Sie für höhere Aufgaben empfiehlt. Auch durch Beiträge in Mitarbeiterzeitschriften, Engagement in abteilungsübergreifenden Arbeitsgruppen, die Gestaltung von hausinternen Informations- oder Weiterbildungsveranstaltungen bringen Sie sich stärker ins Bewusstsein.

Es geht also um die konsequente Nutzung jener Bühnen, die Ihnen der Arbeitsalltag zur Verfügung stellt. Professor Jürgen Lürssen, langjähriger Marketingleiter und Geschäftsführer, hat daneben einen weiteren Tipp parat – nämlich »ungewöhnliche Dinge zu tun« und damit Aufmerksamkeit zu erregen. Sein Beispiel:

»Ich war im Marketing, und dort beauftragt man für Marktforschung normalerweise Institute. Im konkreten Fall ging es um die Entwicklung einer Verpackung und um einen Test, den der Produktentwickler und ich für sehr wichtig hielten, auch wenn er im üblichen Marktforschungs-Procedere der Firma nicht vorgesehen war. Wir hatten also weder Geld noch Zeit und entschlossen uns, einen ›Flurtest‹ zu machen. Der Entwickler stellte verschiedene Prototypen her, ich habe einen Test entworfen und die Mitarbeiter des Großraumbüros dafür in einen Besprechungsraum eingeladen. Dieser Test entsprach zwar überhaupt nicht den formalen Vorschriften, welche Marktforschungsinstrumente in welcher Phase der Produktentwicklung einzusetzen sind; er hat uns aber wesentliche neue Erkenntnisse gebracht. Durch solche Initiativen, die zeigen, da ist jemand bereit, über den Tellerrand zu blicken und bereit, die Ärmel aufzukrempeln, um etwas zu tun, was der Firma nützt, zieht man die Aufmerksamkeit des Topmanagements auf sich.«

> Karriere macht man nicht durch gute Leistungen, sondern nur durch gute Leistungen, die weiter oben auch wahrgenommen werden.
> Um die Aufmerksamkeit des Topmanagements auf sich zu lenken, sollten Sie die Bühnen, die Ihnen der Unternehmensalltag zur Verfügung stellt, konsequent nutzen: Meetings, informelle Zusammenkünfte, gemeinsame Reisen, schriftliche Plattformen wie Mitarbeiterzeitschriften, abteilungsübergreifende AGs, eigene hausinterne Vorträge oder Seminare.
> Machen Sie durch Kompetenz und Sachkunde, aber auch durch selbstbewusstes und eloquentes Auftreten auf sich aufmerksam.

Ihre Kollegen:
Wie Sie die Zusammenarbeit optimieren

Wer andern keine Grube gräbt, fällt selbst hinein. (??)
KARL KRAUS

Ellenbogen oder Samthandschuhe?

Einzelkämpfer machen keine Karriere ...

»Wettbewerbsorientierung« und »Durchsetzungskraft« auf der einen Seite, »Teamfähigkeit« und »Kommunikationsstärke« auf der anderen – in Stellenanzeigen und Anforderungsprofilen für Führungspersonal geht das mühelos zusammen. Wie man diesen Spagat in der Praxis schafft, ist schon komplizierter. Wie viel »Biss«, wie viel Aggressivität braucht man tatsächlich, wenn man Erfolg haben will? Energisch die Ellenbogen gegen die Kollegen auszufahren ist riskant, wie Paula S., langjährige Personalleiterin, an einem Beispiel verdeutlicht:

»... gefährlich, wenn man neu in eine Führungsposition kommt und eine Art ›Saniererauftrag‹ hat: Man glaubt, der eigene Vorgesetzte stehe ja voll hinter einem, und stellt sich dann gegen alle Kollegen. Das beobachte ich relativ häufig – dass jemand im Vertrauen auf volle Deckung von oben meint, er habe einen Sonderstatus und könne es sich ruhig mit den Kollegen verderben. Das ist ein gefährliches Spiel, denn die Kollegen braucht man immer. Und ob der Chef alleine der Richtige ist, mit dem man einen solchen Auftrag durchziehen kann, weiß man auch erst nach einiger Zeit. Ein Beispiel: Ein leitender Controller fing mit seinem Vorstand im Rücken (zumindest glaubte er das) gleich nach der Einstellung an, massiv durchzugreifen – kürzte also rigoros Budgets ein und blockierte seine Kollegen immer wieder (O-Ton: ›Das gibt's bei mir nicht!‹). Die Kollegen haben ihn alle auflaufen lassen – das geht relativ schnell, und das kann man sehr subtil machen.«

In Zeiten immer flacherer Hierarchien, immer stärkerer Verflechtungen und komplexer Arbeitsaufgaben können Sie allein im Unternehmen nur wenig bewegen. Im Regelfall sind Sie auf Informationen und Unterstützung anderer sowie auf eine erfolgreiche Abstimmung mit angrenzenden Bereichen angewiesen. Als Einzelkämpfer stehen Sie da schnell auf verlorenem

Posten: Wundern Sie sich nicht, wenn Sie in Meetings keinerlei Rückendeckung für eigene Vorstöße erhalten, wenn man Ihnen genüsslich Versäumnisse vorrechnet oder wenn Sie der Letzte sind, der von Übernahmegerüchten oder Zahlungsschwierigkeiten eines Schlüsselkunden erfährt. Warum sollte Sie jemand unterstützen, den Sie erst kürzlich brüskiert haben? Menschen geben Ihre Emotionen und Eitelkeiten nicht am Firmentor ab. Viel wahrscheinlicher ist daher, dass der Brüskierte die nächste Gelegenheit nutzt, es Ihnen in gleicher Münze heimzuzahlen. Vermeiden Sie aus diesem Grund unnötige Konfrontationen mit Kollegen auf Leitungsebene, beispielsweise

- indem Sie Kollegen öffentlich Fehler oder Versäumnisse nachweisen,
- indem Sie Ihre (vermeintliche oder tatsächliche) Überlegenheit in Form von ungefragten Ratschlägen demonstrieren,
- indem Sie in alten Wunden bohren und an unpassender Stelle alte Misserfolge des Kollegen aufwärmen,
- indem Sie sich vor Mitarbeitern, Kollegen oder Vorgesetzten abfällig über Kollegen äußern,
- indem Sie Ihre eigene Position durch durchsichtige taktische Manöver oder Intrigen (etwa Desinformation, üble Nachrede, Erpressung) zu festigen versuchen oder
- indem Sie in den Arbeitsbereich des Kollegen hineinregieren.

Mit der Rückendeckung des Vorgesetzten allein ist es nicht getan; Sie brauchen zur Durchsetzung Ihrer Ziele Unterstützung im Kollegenkreis – Unterstützung in Form von nützlichen Informationen, in Form von persönlichem Feedback, in Form von hilfreichen Kontakten und in Form von Bündnissen zur Durchsetzung gemeinsamer Interessen (vgl. auch »Schauplatz Meeting« ab Seite 115). Und selbst wenn Sie mit Ihren Brachialmethoden kurzfristig erfolgreich sind, wird es sich die Geschäftsleitung gut überlegen, ob man Sie befördern soll. Als harter Sanierer in Krisenzeiten mögen Sie gefragt gewesen sein, in ruhigerem Fahrwasser sieht man in Ihrer Härte womöglich eine Quelle von Demotivation, Konflikten und fruchtlosem Gerangel unter Kollegen. Sie wären nicht der Erste, den man auf einem Himmelfahrtskommando verheizt.

Fazit aus der Praxis

> Um im Arbeitsalltag erfolgreich zu bestehen, brauchen Sie Unterstützung im Kollegenkreis.

> Mit unfairen Attacken, Rücksichtslosigkeiten oder unsauberen Methoden werden Sie sich über kurz oder lang isolieren: Jemand, den Sie gekränkt oder dem Sie geschadet haben, wird sich bei nächster Gelegenheit revanchieren.

... aber Softies kommen auch nicht weiter

Gute Beziehungen zu Kollegen aufzubauen darf nicht als »Harmonie um jeden Preis« missverstanden werden. Sie bewegen sich in einem Kreis ambitionierter Führungskräfte, die bei aller Kooperativität immer die eigenen Interessen verfolgen. Dabei geht nicht jeder fair vor. Auch wenn Sie selbst unsaubere Methoden meiden, müssen Sie daher in der Lage sein, unfaire Attacken entschieden zurückzuschlagen und Ihre eigene Position zu behaupten. Das bekräftigt auch Werner M., Programmleiter in einem mittelständischen Publikumsverlag:

»In bestimmten Situationen muss man schlicht Stärke zeigen; das gilt auch in diesem Unternehmen. Aber man muss das sehr genau dosieren. Man kann sehr kollegial sein, sehr partnerschaftlich, aber in dem Moment, wo jemand in meinen Bereich, mein Revier eindringt, muss man klar und deutlich sagen: Nein. Und das auch mit einer gewissen Aggressivität. Da gab es zu Beginn meiner Tätigkeit hier in einer Programmkonferenz eine Situation, wo ein Kollege vor versammelter Mannschaft sehr massiv versucht hat, diese Grenze zu überschreiten. Damals war ich noch nicht in der Lage, in der Sitzung selbst die Grenze zu setzen, weil ich völlig konsterniert war, habe das aber in Einzelgesprächen nachgeholt. Solche Konflikte gibt es immer mal wieder, und ich mache das direkt mit den Beteiligten aus. Ich will da auch keine Unterstützung von oben, denn das würde letztlich meine eigene Position verwässern.«

Das ›Vorführen‹ eines neuen Kollegen in einem wichtigen Meeting, vor der versammelten Geschäftsleitung – da versucht sich jemand in der Kunst der Überrumpelung. Dabei stellen Eingriffe in den eigenen Kompetenzbereich eine der massivsten Angriffsformen dar: Lassen Sie sich das bieten, verlieren Sie Ihre Glaubwürdigkeit als Führungskraft und können sich gleich auf die nächste Attacke einstellen. Mit Ihnen kann man es ja machen!

Dass das Ganze in einer Sitzung stattfindet, macht die Angelegenheit noch brisanter. Das ›Publikum‹ wird sehr aufmerksam zur Kenntnis nehmen, wie Sie reagieren. Wenn eben möglich, müssen Sie daher in der Situation unmittelbar zurückschlagen – »in der Sitzung selbst die Grenze setzen«, wie Werner M. es formuliert. Die Tatsache, dass Sie reagieren (und kein williges Opfer bilden) ist dabei erst einmal wichtiger als die Güte Ihrer Argumente. Lassen Sie sich am besten nicht auf inhaltliche Diskussionen ein, sondern bescheiden Sie Ihren Widerpart knapp, dass Sie keine Schwierigkeiten sehen, Ihre Probleme und Aufgaben selbst zu lösen. Zweifelt man Ihre Kompetenz oder Ihre Erfahrung an, wäre eine Rechtfertigung das Dümmste, was Sie tun könnten (etwa »Natürlich kenne ich mich in diesem Bereich aus, bei der Firma X habe ich auch schon ...«). Wer sich verteidigt, klagt sich auch hier an; außerdem gestehen Sie dem anderen so ein Urteil über Ihre Person (und damit eine überlegene Position) zu.

Neben dem Wildern in fremden Revieren führt der Versuch, lästige Aufgaben abzuschieben, im Unternehmensalltag häufig zu Konflikten. Ein Beispiel gibt Thomas B., mittlerweile im Vorstand einer größeren Kreditgenossenschaft:

»Unterschiedliche Interessenlagen sind unter Führungskollegen latent natürlich immer vorhanden. Wenn Sie zum Beispiel (wie ich bei meiner zweiten Bank) im Kreditgeschäft für ›Marktfolge‹ zuständig sind, werden Sie immer erleben, dass der Bereich ›Markt‹ versucht, möglichst viele Arbeiten auf Ihren Bereich abzuwälzen – das ist einfach menschlich. Reibungspunkt bei uns war: Wer kommentiert wirtschaftliche Verhältnisse eines Kreditnehmers, also wer kommentiert die Situation, wenn da Bilanzen usw. eingereicht werden? Das führte irgendwann dazu, dass meine Mitarbeiter zu nichts mehr kamen, weil laufend Unterlagen bei uns landeten. Und obwohl ich mich mit meinem Führungskollegen vom ›Markt‹ gut verstand, bin ich in dem Moment auf Konfrontation gegangen, zuerst verbal – ›So geht das nicht‹ – und schließlich auch durch gnadenloses Zurückschicken der Unterlagen. Die Begründung für einen Kredit muss schließlich derjenige schreiben, der den Kredit vergibt, und nicht etwa die Abteilung ›Marktfolge‹.«

Mit mehr als zehn Jahren Führungserfahrung sieht Thomas B. Auseinandersetzungen dieser Art sportlich-gelassen. Sie gehören zum Alltagsgeschäft, in dem jeder unter mehr oder weniger harten Bedingungen Erfolge vorweisen muss, einfach dazu. Reagieren Sie in solchen Kontroversen daher ohne persönlichen Groll oder gar unkontrollierbare Ausbrüche, sondern demonstrieren Sie mit einer entschiedenen Reaktion Souveränität. Sagen Sie deutlich, dass Sie bestimmte Dinge nicht akzeptieren. Wer allzu gutmütig ist, läuft nicht nur Gefahr, ausgenutzt zu werden, sondern büßt überdies Respekt bei Kollegen und Vorgesetzten ein. Noch einmal Thomas B.: »Dieses Sich-Dinge-zuschieben-Wollen passiert im operativen Geschäft recht oft. Konfrontationen auf anderem Gebiet – Stühlesägen oder Ähnliches – sind mir nie passiert. Das kann auch damit zu tun haben, dass ich erst gar keinen in Versuchung gebracht habe, an meinem Stuhl zu sägen.«

Wer immer nett und ›harmlos‹ ist, schürt in der Chefetage nicht nur Zweifel, ob er sich auf der nächsthöheren Position behaupten würde, er weckt womöglich auch Begehrlichkeiten auf gleicher Ebene, mit denen entschlossenere Kollegen nicht konfrontiert werden. »Positive Aggression« ist daher für die Unternehmensberaterin Hedwig Kellner ein wichtiger Karrierefaktor. Sie rät Aufstiegsorientierten, »für Ihre Ziele und nicht gegen Kollegen [zu] kämpfen«.[31] Dies schließt grobe Rücksichtslosigkeiten, cholerische Anfälle oder zynische und menschenverachtende Attacken aus, nicht aber entschlossene Verteidigung des eigenen Terrains und selbstbewusstes Auftreten in Sachfragen. Mit den erstgenannten Verhaltensweisen isolieren Sie sich auf Dauer unweigerlich, mit den letztgenannten verschaffen Sie sich Respekt. Wenn Sie mit Glaubenssätzen wie »Der Klügere gibt nach«, »Bescheidenheit ist eine Zier« oder »Reden ist Silber, Schweigen Gold« aufgewachsen sind, beobachten Sie einmal das Auftreten derjenigen, die im Unternehmen weitergekommen sind: Die Bescheidenen, Stillen und Nachgiebigen sind darunter nicht eben häufig. (Dies ist übrigens auch eine Warnung an alle Frauen, die darauf hoffen, Fleiß und Kompetenz würden früher oder später ›belohnt‹, Konfrontationen und ›Karrierespielchen‹ jedoch ängstlich aus dem Weg gehen.)

Fazit aus der Praxis

> Bei aller Kooperativität erwartet man von Ihnen als Führungskraft Stehvermögen und Durchsetzungskraft. Sie müssen in der Lage sein, unfaire Attacken entschlossen zu parieren und Ihr »Revier« zu verteidigen.
> Verwechseln Sie Kollegialität nicht mit ungetrübter Harmonie, nehmen Sie unvermeidliche Interessenkonflikte sportlich und vertreten Sie Ihre Position freundlich im Ton, aber hart in der Sache.

Ihre Kollegen

Ohne Kontakte geht es nicht

Mit Netzwerk lebt sich's leichter

»Networking ist immens wichtig – nicht nur für den Aufstieg, sondern auch in der täglichen Arbeit. Als Führungskraft leben Sie davon, dass Sie Kontakte haben. An den vielen Lehrgängen, die ich gemacht habe, war eigentlich nie das Wichtigste, was man gelernt hat, sondern wen man kennen gelernt hat. Ich greife heute noch oft auf Kontakte zurück – und wenn es nur darum geht, meine Ideen rückzukoppeln, jemanden zu kennen, dem ich ein fundiertes Urteil zutraue. Das Gleiche gilt im Betrieb: Man muss mit den Führungskollegen reden können, wenn es ein Problem gibt. Ich halte gar nichts von den Ellenbogentypen, die sich als Einzelkämpfer nach oben boxen wollen. Auch das Netzwerk im Betrieb ist immens wichtig,« unterstreicht Thomas B., Vorstandsmitglied einer größeren Kreditgenossenschaft. Auch für Ex-Geschäftsführer Dr. Jürgen Lürssen ist Kontaktfähigkeit eine Schlüsselqualifikation: »Fachkompetenz bestimmt den beruflichen Erfolg nur zu einem Teil: Es ist nicht der gute Fachmann, der Top-Manager wird, sondern es ist der, der gut mit Menschen umgehen kann.« Wer es nicht schafft, positive Beziehungen zu anderen herzustellen, macht es sich im Alltag unnötig schwer und empfiehlt sich zudem nicht für einen Aufstieg, bei dem die Führungsaufgaben naturgemäß immer komplexer und umfangreicher werden. Ein gutes Netzwerk bewährt sich:

- als Informationsquelle
  ... denn Sie werden auf Entwicklungen, die Ihr persönliches Arbeitsgebiet betreffen, umso eher aufmerksam, je mehr Kontakte Sie pflegen. Gleichzeitig eröffnet Ihnen das Netzwerk Möglichkeiten, abseits langwieriger Dienstwege bestimmte Informationen zu erhalten – und sei es nur, dass Sie beispielsweise auf eine entscheidungsrelevante Absatzstatistik vor einem wichtigen Meeting nicht Tage warten müssen, sondern sie durch ein kurzes Telefonat mit Ihrem Führungskollegen im Controlling rascher auf dem Tisch haben.

- als Frühwarnsystem
  ... denn Sie können allein gar nicht alles mitbekommen, was im Unternehmen irgendwo ›im Busch‹ ist. Beispiel: Bevor Sie sich bei einem Projekt aus dem Fenster lehnen, erfahren Sie von einem Kollegen, dass sich auf dem Gebiet schon Ihre Vorgänger die Finger verbrannt haben, weil

der Vorstand über die Einführung von X oder die Umstrukturierung von Y heillos zerstritten ist; so können Sie die richtigen strategischen Schlüsse daraus ziehen.

- als Karrieremotor
  … denn wer im Kollegenumfeld auf Akzeptanz stößt, beweist die für weitere Führungsaufgaben erforderliche soziale Kompetenz. Außerdem besteht so eher die Möglichkeit, dass Sie von Karrierechancen in anderen Bereichen erfahren. »… aus Netzwerken ergeben sich logischerweise auch berufliche Chancen – ich hätte aktuell drei Möglichkeiten, mich zu verändern, von Leuten, denen ich irgendwann begegnet bin«, berichtet etwa Bankenvorstand Thomas B.

- als Feedback-Mechanismus
  … denn bei sehr gutem Einvernehmen können Sie ein offenes Wort zu eigenen Verhaltens- und Vorgehensweisen erwarten, und zwar von Menschen, die Sie im beruflichen Kontext unmittelbar erleben und mit der Unternehmenskultur und den handelnden Personen vertraut sind. Der Kreis der Kollegen, bei dem das möglich ist, wird naturgemäß eher klein sein. Frank Spandl, Vorstand Homola AYH Projektmanagement AG: »Offenes Feedback bekomme ich selbst hier, glaube ich, von zwei Kollegen, zwei von hundert. Und diese Kollegen sind als Mitglieder des Key Staff Gremiums sehr nah an meiner Position.« Firmeninterne Kontakte tragen daher auch dazu bei, das eigene Verhalten zu optimieren.

- als wichtiges Korrektiv
  Auch ohne direkt auf Ihre Person bezogenes Feedback ist gegenseitiger Austausch ein wichtiges Korrektiv eigener Sichtweisen. Wie gehen andere die Dinge an, wie lösen sie Probleme, wie schätzen sie Personen ein? Wer sich isoliert, bekommt schnell Scheuklappen.

- als Unterstützung bei eigenen Vorhaben oder Problemen
  … denn Sie werden immer wieder Verbündete brauchen. Dabei kann es sich um nützliche Allianzen handeln, die Sie bei der Durchsetzung von Zielen im entscheidenden Meeting unterstützen, aber auch um ganz konkrete Hilfestellung bei persönlichen Schwierigkeiten. Dr. Monika S., Marketingleiterin in einem Chemiekonzern, nennt als Beispiel die prekäre Situation Ihrer ersten Stelle im Unternehmen, in der Sie sich durch einen taktischen Fehler mit Ihrem Vorgesetzten überworfen hatte: »Ich

bin dann zum Personalchef gegangen, mit dem ich mich gut verstand; er war sozusagen der erste Knoten in meinem Netzwerk hier. Ich habe ihm die Situation geschildert und ihn um Hilfe gebeten: ›Da will ich raus.‹ Dann gab es zunächst noch gemeinsame Gespräche mit meinem Vorgesetzten und Beschwichtigungsversuche, schließlich aber dann das Angebot der Marketingleitung.« Ob man im Personalleiter in einem solchen Fall einen wohlwollenden Unterstützer oder neutralen Sachwalter hat, macht durchaus einen Unterschied.

- als »sozialer Schmierstoff«, der Konflikten vorbeugt oder bei ihrer Lösung hilft

... denn bei verbissenen Machtkämpfen bleiben oft nur Verlierer zurück. Und dass man auf der Sachebene schneller zusammenkommt, wenn es auf der Beziehungsebene stimmt, ist eine kommunikationspsychologische Grundregel. Sich mit dem Recht des Stärkeren durchzusetzen birgt immer die Gefahr, dass der ›Unterlegene‹ bei nächster Gelegenheit Rache nimmt. »Eine gewonnene Diskussion ist ein verlorener Freund«, heißt es nicht umsonst. Ein guter Draht zueinander kann die Konflikteskalation verhindern.

Einzelkämpfer sind also nicht nur einsamer, sondern zwangsläufig auch ahnungs- und machtloser als Menschen mit einem gut funktionierenden Netzwerk. Dies gilt übrigens nicht nur für Kontakte im Kollegenkreis, sondern auch für solche nach ›oben‹ und ›unten‹. Auch der Pförtner oder die Sekretärin Ihres Chefs können sich als wertvolle Kontakte erweisen, spätestens, wenn Sie Ihren Firmenausweis verlegt haben und dringend auf das Gelände müssen oder einen Termin bei Ihrem Boss brauchen, obwohl dessen Kalender schon randvoll ist.

Fazit aus der Praxis

> Gelungenes Networking fördert Ihre Karriere und erleichtert den Arbeitsalltag.

> Wer ›gut mit Menschen‹ ist, empfiehlt sich für höhere Aufgaben und bringt sich als Kandidat(in) für attraktive Positionen ins Gespräch.

> Gute Kontakte zu Kollegen stärken Ihre Position im Unternehmen: als Infoquelle, Frühwarnsystem bei Problemen, durch Feedback und Unterstützung in Sachfragen, als ›sozialer Schmierstoff‹, der Konflikte vermeiden hilft.

Wie Sie Ihr Netzwerk knüpfen

Wie schaffen Sie es, sich ein funktionierendes Netzwerk aufzubauen? Um die ersten Fäden zu knüpfen, sollten Sie dafür sorgen, dass andere Sie sympathisch finden, rät Dr. Jürgen Lürssen, langjähriger Marketingleiter und Geschäftsführer:

»Gute Beziehungen fangen damit an, dass man dem anderen freundlich gegenübertritt. Das beginnt schon beim Kennenlernen. Genauso positiv, gerade in der Phase des Kennenlernens: Sich für den anderen interessieren, indem man ihn fragt nach seinen Interessen, seinen beruflichen Erfolgen, seinen Problemen, nach dem, was ihm auf der Seele liegt. Je mehr der andere redet und je mehr man ihm zuhört, desto sympathischer findet er einen. Das können Sie auch im Privatleben auf jeder Party ausprobieren. Zur Pflege einer Beziehung gehört dann, dass man immer wieder persönlichen Kontakt hat, dass man dem anderen hilft, wenn er Hilfe braucht – mit Rat und Tat. Dass man auch mal ein Bier zusammen trinken geht. Zentral bleibt aber, sich für den anderen zu interessieren, ihm Anerkennung zu zollen, ihm durchaus auch Komplimente zu machen.«

Wer sich aufs Fragen und Zuhören verlegt, Interesse am Gegenüber signalisiert, statt vorwiegend um die eigene Selbstdarstellung besorgt zu sein, hat die besten Chancen, als angenehmer Gesprächspartner in Erinnerung zu bleiben. Nutzen Sie die Vorstellungsrunde im neuen Unternehmen, um sich positiv einzuführen. Der Smalltalk vor Meetings, die Pausen in längeren Sitzungen, gemeinsame Reisen und Seminare oder informelle Firmenanlässe von der Weihnachtsfeier bis zum Jubiläumsempfang bieten gute Anlässe, um über das rein Geschäftliche hinaus ins Gespräch zu kommen. Mit unverfänglichen Themen wie Hobbys, Kultur, Reisen bewegen Sie sich auf sicherem Terrain; bei Branchentratsch, politischen oder moralischen Grundsatzfragen laufen Sie eher Gefahr, Ihrem Gegenüber ungewollt auf die Zehen zu treten. Gelungener Smalltalk ist die Kunst, unverbindlich, aber nicht inhaltsleer miteinander ins Gespräch zu kommen. Wenn Ihnen dazu nicht viel mehr als das Wetter einfällt, machen Sie sich mit einschlägigen Ratgebern oder Seminaren fit.[32] Sehen Sie die unverfängliche Plauderei als vorsichtiges Abtasten, ob sich ein näherer Kontakt lohnt.

Beschränken Sie sich im Unternehmensalltag nicht auf den bloßen Austausch der nötigen Sachinformationen, sondern nehmen Sie sich die Zeit für das ein oder andere persönliche Wort. Damit legen Sie am ehesten den Grundstein für gute Beziehungen. Festigen können Sie diese, indem Sie sich in der Zusammenarbeit als kooperativ erweisen. Vermeiden Sie es, Ihre

Kollegen unnötig zu brüskieren, seien Sie freundlich und aufmerksam – kurz: jemand, mit dem man gerne zusammenarbeitet. Ob Sie einen Kollegen auf einen Fachartikel hinweisen, der ihn interessieren könnte, ein Kompliment zur gelungenen Präsentation auf der Außendiensttagung machen oder der Kollegin zu einem wichtigen geschäftlichen Abschluss gratulieren: Kleine Gesten zahlen sich aus. Das bedeutet nicht, dass Sie sich zum Wasserträger anderer machen oder als Everybody's Darling gelten sollten – behalten Sie Ihre Interessen im Auge und reden Sie Klartext, wo das erforderlich ist.

Bemühen Sie sich in der Zusammenarbeit auf Kollegenebene um einen offenen und fairen Austausch. »Ich selber bin gut damit gefahren, meine Projekte vorab sehr weit zu durchdenken und im Vorfeld auch schon mein Netzwerk einzuschalten. Ich habe also überlegt, wer ist noch von diesem Projekt betroffen, und habe mit denjenigen schon mal gesprochen: ›Das und das habe ich vor, das würde für Sie dies und jenes bedeuten – sehen Sie da Probleme?‹«, meint Bankenvorstand Thomas B. Auf die Dauer wird sich zeigen, wer für solche Kooperationsangebote empfänglich ist und wer eher auf Konfrontation setzt oder – aufgrund sachlicher Interessen oder persönlicher Kontakte – zu einer anderen ›Fraktion‹ im Unternehmen gehört. Konkret heißt das: Auch wenn Sie zum Aufbau eines Netzwerkes in Vorleistung treten (mit Informationen, kleinen Gefälligkeiten, Unterstützung), sollten Sie sorgfältig im Auge behalten, wer sich irgendwann revanchiert und bei wem Sie einseitig draufzahlen. Im letzten Fall gehen Sie besser auf Abstand.

Fazit aus der Praxis

> Kontakte knüpfen Sie am besten, indem Sie offen auf andere zugehen und sich für sie interessieren. Nutzen Sie informelle Gelegenheiten, smalltalken Sie, nehmen Sie sich Zeit für das ein oder andere persönliche Wort.

> Stärken Sie Beziehungen zu Kollegen durch Kooperativität und Hilfsbereitschaft, achten Sie jedoch darauf, dass dieser Austausch auf Gegenseitigkeit basiert.

Natürlich können Sie auch im Job persönliche Sympathie und Antipathie nicht völlig ausschalten: Es wird Ihnen vermutlich schwer fallen, zu einem Kollegen einen guten Draht zu etablieren, der Ihnen menschlich zuwider ist – und sei er noch so einflussreich im Unternehmen. Zum Feind machen sollten Sie sich so jemanden aber auch nicht, setzen Sie auf höflich-professionelle Distanz. Grundsätzlich gilt: Je mehr Einfluss und Ansehen Ihre Kontaktpartner im Unternehmen genießen, desto besser für Sie. Bemühen Sie sich deshalb gerade bei Leitungskollegen in Schlüsselfunktionen und wichtigen Ressorts und bei solchen, die im Unternehmen als Hoffnungsträger gehandelt werden, um gutes Einvernehmen. Dr. Jürgen Lürssen argumentiert hier nüchtern karrierestrategisch: »Meine Empfehlung ist, sich mit Kollegen auf gleicher Ebene in jedem Fall gut zu stellen. Denn selbst wenn ein Kollege der Nachfolger des Chefs wird: Ich selber werde ja nicht ewig in dieser Abteilung bleiben, ich werde woanders hingehen und dort vielleicht den gleichen Schritt tun. Das wird mir aber umso leichter gelingen, zu je mehr Leuten ich einen guten Draht habe, auch auf meiner Ebene. (…) Und selbst wenn ich in der Abteilung bleibe: Wenn ein Kollege mein Vorgesetzter wird, mit dem ich befreundet war, wird das gute Verhältnis normalerweise andauern, und dann habe ich eben ein tolles Verhältnis zu meinem Chef, was meine Karriere sicher fördert.«

Sollte Ihnen so viel taktisch motivierte Neidlosigkeit schwer fallen, überzeugt Sie vielleicht eine Umfrage, die 1995 bei IBM in den USA durchgeführt wurde und deren frappierendes Ergebnis seitdem immer wieder zitiert wird. Als ausschlaggebende Kriterien für den beruflichen Erfolg nannten die IBM-Führungskräfte zu 60 Prozent Kontakte und Beziehungen, zu 30 Prozent Selbstdarstellung und lediglich zu 10 Prozent Leistung.[33] Vielleicht macht der einflussreiche Kollege den Karrieresprung ja auch beim Mitbewerber, und wer weiß, was sich für Sie daraus ergeben kann …

Meiden sollten Sie dagegen intensive Kontakte zu Kollegen, die sich im Unternehmen aufs Abstellgleis manövriert haben, beispielsweise als notorische Quertreiber, als Versager, oder die als ausgesprochen unbeliebt gelten. Zu viel Nähe rückt Sie hier in ein fragwürdiges Licht und kann Ihnen schaden. Und da Sie nicht gleich in der ersten Woche im Unternehmen wissen werden, wer zu dieser Fraktion gehört, empfiehlt sich erst einmal vorsichtige Zurückhaltung, wie auch Bankenvorstand Thomas B. unterstreicht:

»Lassen Sie sich nicht vorschnell auf Allianzen ein, wenn Sie neu im Job sind. In meiner ersten Führungsposition stand am zweiten Tag jemand in meinem Büro und hat mir das Du angeboten – und ich habe den Fehler gemacht und mich darauf eingelassen. Hinterher hat sich herausgestellt: Das war eine Oberpfeife. Ich hatte anschließend das Problem, auf dieser Du-Ebene mit diesem Mitarbeiter umzugehen. Aus der ersten Freude heraus, dass sich da jemand für mich interessiert und auf mich zukommt, habe ich das Angebot gern angenommen, aber es war definitiv ein Fehler.«

Menschen, die im Unternehmen – aus welchen Gründen auch immer – isoliert sind, wittern in einem Neuzugang häufig die Chance auf einen Verbündeten. Wenn jemand Sie mit weit offenen Armen empfängt, ist daher Vorsicht geboten.

Die Schilderung von Thomas B. wirft gleichzeitig die Frage auf, wie man es mit dem Duzen im Unternehmensalltag halten sollte. Mein Rat: Wenn das Du nicht gerade Bestandteil der Unternehmenskultur ist (wie etwa in manchen kreativen Branchen oder in sehr jungen Unternehmen), fahren Sie mit dem Siezen besser – zum einen, weil Ihnen das Duzen durch die nächste Führungsebene als distanzlose Kumpanei negativ ausgelegt werden könnte, zum anderen, weil tatsächlich nicht jedermann auf der Du-Ebene Meinungsverschiedenheiten einigermaßen sachbezogen austragen kann. Warum sollten Sie das Missverständnis provozieren, Sie würden um des persönlichen Kontaktes willen Zugeständnisse machen, zu denen Sie eigentlich nicht bereit sind oder die Ihnen selbst sogar schaden könnten?

Verwechseln Sie gute berufliche Kontakte nicht mit engen persönlichen Freundschaften, in die Sie emotional viel investieren. Berufliche Netzwerke sind ein Geschäft auf Gegenseitigkeit, das umso so leichter angebahnt werden kann, je mehr es von persönlicher Sympathie getragen wird. Gegenseitige Unterstützung und ein freundlicher Umgang miteinander erleichtern Ihren Arbeitsalltag, ersetzen jedoch keinen privaten Freundeskreis, in dem Sie sich wirklich vorbehaltlos fallen lassen können.

Fazit aus der Praxis

> Suchen Sie Kontakt zu einflussreichen und erfolgreichen Kollegen, meiden Sie Allianzen mit Quertreibern, erfolglosen und ausgesprochen unbeliebten Firmenangehörigen.
> Verwechseln Sie Ihr berufliches Netzwerk nicht mit einem privaten Freundeskreis, wahren Sie bei aller Freundlichkeit eine gewisse Distanz.

Schauplatz Meeting

Wo Entscheidungen wirklich fallen

Kennzeichnend für eine Sitzung sei, »dass viele hineingehen, aber nur wenig herauskommt«, hat der Kabarettist Werner Finck einmal gesagt. Das trifft auf die meisten Meetings auch in dem Sinne zu, dass wirklich wichtige Entscheidungen im Regelfall nicht hier, sondern ganz woanders getroffen werden. Vor dem Hintergrund seiner langjährigen Konzernerfahrung berichtet etwa Dr. Jürgen Lürssen: »Da mag es zwar die Regel geben: ›Entscheidungen über 20 Mio. Euro werden in diesem oder jenem Gremium mit folgenden Teilnehmern getroffen‹, aber da finden im Vorfeld schon Gespräche statt. Die Beteiligten haben miteinander telefoniert und diskutiert, und in den Köpfen der Mächtigen steht die Entscheidung meist schon fest, bevor im Gremium darüber geredet wird. Derjenige, der die Entscheidung vorbereitet und mit einer Entscheidungsvorlage in die Sitzung geht, tut also gut daran, die wichtigen Leute vorher schon auf seine Seite zu bringen. In einer Sitzungsvorlage steht also normalerweise nichts wirklich Überraschendes mehr.«

Zu glauben, in Meetings würden Entscheidungen ›sachlich‹ und ›unvoreingenommen‹ diskutiert, bevor man sich in fairer Diskussion auf die ›beste‹ Lösung einigt, ist also ein gefährlicher Trugschluss. Unternehmensentscheidungen fallen in einem politischen Kontext divergierender Interessen, individueller Zielvorstellungen und Machtkämpfe zwischen Einzelpersonen oder Abteilungen. Gleichgültig, ob Vertrieb und Produktion sich gegenseitig die Verantwortung für Umsatzrückgänge zuschieben, ob Abteilungsleiter A sich für einen erlittenen Gesichtsverlust rächen will und deshalb schwere Geschütze gegen einen Vorschlag von Abteilungsleiter B auffährt oder ob inhaltliche Vorstöße eines Kollegen deshalb boykottiert werden, weil dessen Erfolg anderen schon lange ein Dorn im Auge ist – die politische Großwetterlage bestimmt den Sitzungsablauf entscheidend mit, auch wenn offiziell natürlich rein »sachlich« und »rational« argumentiert wird. Noch einmal Jürgen Lürssen: »Wenn man für oder gegen ein bestimmtes Projekt ist, dann letztendlich, weil persönliche Interessen tangiert sind, aber das wird man nie zugeben. Man wird also nicht sagen: ›Ich bin gegen das Projekt, weil dann die Hälfte meiner Leute hier wegrationalisiert wird‹, sondern man wird beispielsweise sagen: ›Ich bin gegen das Projekt, weil ich der Auffassung bin, dass die Software, die angeschafft werden soll, technisch völlig veraltet ist.‹ Man muss wissen und auch erkennen, dass hinter ›sachlichen‹ Argumenten immer auch politische Interessen stehen und dass es das objektiv ›Richtige‹ nicht gibt.«

Die einzige Möglichkeit, diese schwer kalkulierbare Interessen-Melange in den Griff zu bekommen, ist kluge Vorbereitung. Nutzen Sie dazu die Checkliste »Meetings«:

Checkliste Meetings/Strategische Vorbereitung

Wenn Sie ein Vorhaben durchsetzen wollen, fragen Sie sich im Vorfeld:
- Wer ist von diesem Vorhaben noch betroffen?
- Welche Gegenargumente werden Betroffene ins Feld führen? Wie lassen sich diese Argumente entkräften?
- Was könnte Betroffene zur Zustimmung bewegen? Bringt das Projekt Vorteile für sie? Sind andere ›Gegenleistungen‹ Ihrerseits vorstellbar?
- Wer könnte aus anderen Gründen Einspruch erheben (etwa aus persönlicher Feindschaft oder als notorischer Quertreiber)?
- Wer wird Sie vermutlich unterstützen oder sich zumindest neutral verhalten?
- Wessen Stimme zählt im jeweiligen Gremium besonders viel (aufgrund von Position, Erfahrung, persönlicher Autorität)?
- Wie schätzen Sie die Haltung der Meinungsführer gegenüber Ihrem Vorhaben ein?

Loten Sie im Vorfeld mögliche Widerstände in den betroffenen Abteilungen aus, diskutieren Sie das Projekt mit vertrauenswürdigen Kollegen. Ganz entscheidend ist, Verbündete zu gewinnen, auf deren Unterstützung Sie im entscheidenden Moment zählen können, rät auch Bankenvorstand Thomas B.: »Auch das gehört zur Sitzungstaktik: sich gerade bei Neuerungen, die man vorschlagen will, vorher zu überlegen, wen kann ich auf meine Seite bekommen. Man muss sich vorher eine Fraktion schaffen, und dann kann man immer noch nicht sicher sein, ob diese im Meeting auch tatsächlich trägt, ob jemand, der Ihnen vorher zugestimmt hat, Sie in der Sitzung auch tatsächlich unterstützt. Aber das wissen Sie dann spätestens beim zweiten Mal.«

Den gemeinsamen Vorgesetzten auf Ihrer Seite zu haben wäre dabei eine ideale Ausgangsposition; je mehr Unterstützung Sie von anderer Seite erwarten können, desto besser. Diese Schützenhilfe kann auf inhaltlichen

Überlegungen und gemeinsamen Interessen ebenso beruhen wie auf eher taktischen Überlegungen (Dafür zeigen Sie sich vielleicht in einer anderen Frage kompromissbereit oder neutral?).

Durch Sondierungen im Vorfeld lernen Sie gleichzeitig mögliche Gegenargumente kennen und können sich entsprechend vorbereiten. Manchmal lassen sich Widerstände dadurch beseitigen, dass Sie Ihren Vorschlag entsprechend modifizieren und dadurch die Aussicht auf Konsens erhöhen. Und schließlich: Im Zweiergespräch Bedenken auszuräumen ist allemal aussichtsreicher, als jemanden auf der öffentlichen Bühne eines Meetings zum Einlenken zu bewegen. Hat man Ihnen erst einmal vor Publikum widersprochen, kann man ohne Gesichtsverlust nur schwer zurück und muss schon aus Prinzip bei seiner Position bleiben. Stellt sich schon im Vorfeld heraus, dass Sie mit Ihren Plänen auf verlorenem Posten stehen, kann es im Zweifelsfall klüger sein, ein (momentan?) aussichtsloses Vorhaben fallen zu lassen, als sich in einer Sitzung eine »Image-schädigende« öffentliche Niederlage zu bescheren.

Wenn Sie neu in ein Unternehmen kommen, bedeutet all das: Ihre Hauptaufgabe in Meetings besteht in den ersten Wochen darin, scharf zu beobachten und die verschiedenen Fraktionen und Interessenlagen kennen zu lernen. Einmal ganz abgesehen davon, dass man Neuzugängen voreilige Vorstöße ohnehin kaum verzeiht (vgl. das Beispiel unter »Die Profilierungssorge« auf Seite 29 f.) – nirgendwo sonst können Sie so viel Wissen über Unternehmenskultur und Machtverhältnisse mitnehmen wie hier, wo Sie die handelnden Personen in direkter Interaktion erleben. Welchen Umgangston pflegt man? Wie ruppig geht man miteinander um? Was für Argumente zählen? Wessen Wort hat Gewicht? Wer stützt wen? Wer steht meist auf verlorenem Posten? »In jedem Unternehmen gibt es Fraktionen und überall gibt es Leute, mit denen man gut kann, während man mit anderen eben zusammenarbeiten muss. Also zuhören, und auch genau überlegen, warum jemand etwas wie sagt. Noch viel spannender ist, die Leute zu beobachten, die gerade nicht reden: Wie verhalten sie sich? Die Körpersprache sagt ungeheuer viel: Verzieht da jemand das Gesicht, wenn der andere redet, schläft er fast ein (also kein Interesse am Thema, aber auch nicht am Kollegen) oder signalisiert er Zustimmung? Auf diese Weise haben Sie sehr schnell die Fraktionen«, weiß Thomas B.

Halten Sie sich vor Augen, dass Meetings die Unternehmensbühne sind, auf der nicht über Sachfragen debattiert, sondern auch Status demonstriert, Eitelkeiten gepflegt und Machtkämpfe ausgetragen werden – und zwar umso stärker, je hochkarätiger die Besetzung ist: »Beim Meeting ist erst mal entscheidend, wie stark die Hierarchie gestaffelt ist – ob man unter sich ist oder ob Vorgesetzte anwesend sind. Wenn man einigermaßen gleichrangig ist, geht es noch am ehesten um die Sache, weil man sich dann gegenseitig nichts beweisen muss. Sobald die Chefs mit am Tisch sind, geht das Schaulaufen los«, sagt Dr. Monika S., Marketingleiterin in einem großen Chemieunternehmen.

Fazit aus der Praxis

> Meetings sind eine wichtige Bühne im Unternehmen, auf der Sie sich behaupten müssen.

> Unternehmensentscheidungen werden stark durch die politische Großwetterlage und durch Fraktionen und Allianzen mitbestimmt, sie werden nicht rein ›sachlich‹ gefällt.

> Wichtige Vorhaben sollten Sie daher durch Ausloten der Meinungen im Kollegen- und Vorgesetztenkreis sorgfältig vorbereiten: Auf wessen Unterstützung können Sie bauen? Mit welchen Widerständen müssen Sie rechnen? Hat Ihr Vorhaben in modifizierter Form eventuell bessere Chancen?

> Bevor Sie als Neuzugang erste Vorstöße wagen, sollten Sie die herrschenden Lager und Fraktionen kennen lernen – durch sorgfältige Beobachtung im Meeting.

Mit welchen Taktiken Sie rechnen müssen

Es geht nicht immer fair zu in Meetings, und auch wenn Sie die beschriebenen Taktiken nicht selbst anwenden wollen, sollten Sie sie kennen, um kein williges Opfer abzugeben. Bei den Methoden der Sitzungsmanipulation kann man unterscheiden zwischen
1. Verfahrenstricks und
2. unfairen Verhandlungstaktiken.

Zu den *Verfahrenstricks* zählen beispielsweise:

• Verspätetes Einreichen von Sitzungsvorlagen
Sie erhalten eine wichtige Entscheidungsunterlage erst am Abend vor der Sitzung oder – schlimmer noch – direkt im Meeting. Gleichzeitig ›muss‹ heute ein Beschluss gefasst werden. Da niemand 50 eng bedruckte Seiten

durch rasches Durchblättern wirklich zur Kenntnis nehmen kann, liefert der Urheber eine tendenziöse Zusammenfassung und beeinflusst so die Entscheidung in seinem Sinne.

Gegenstrategie: Wenn Vertagen tatsächlich nicht möglich ist, Stimmenthaltung oder zumindest ein Vermerk im Protokoll, dass die Entscheidung auf der Basis wackeliger Grundlagen getroffen wurde.

- Gänzliches Fehlen entscheidungsrelevanter Unterlagen/Informationen
  Eine verschärfte Version der vorigen Taktik.
  Gegenstrategie: siehe dort.

- Thematischer Überfall
  Gerne unter dem schillernden Tagesordnungspunkt »Verschiedenes«: Plötzlich kommt eine Frage auf den Tisch, mit der niemand gerechnet hat – keine Chance, sich die Angelegenheit durch den Kopf gehen zu lassen, geschweige denn, Allianzen zu bilden.
  Gegenstrategie: Bewahren Sie einen kühlen Kopf, lassen Sie sich nicht in die Enge treiben. Muss das wirklich heute entschieden werden? Sind alle anwesend, die es angeht?

- Metaprogramme (»Hidden Agenda«)
  ›Offiziell‹ geht es um eine Sache, in Wirklichkeit um eine ganz andere. Beispiel: Die Vertriebsleitung bricht eine Diskussion über die Aufteilung der Verkaufsgebiete vom Zaun. Rein sachlich geht es um Fragen der vertrieblichen Optimierung. In Wahrheit sollen die Misserfolge einzelner Verkäufer zur Sprache gebracht werden, um die Leitungsrunde auf Kündigungen einzustimmen.
  Gegenstrategie: Schwierig. Wenn sich ein solches Programm gegen Sie richtet, müssen Sie es erst einmal erkennen – und dann ›sachlich‹ kontern. Manchmal kann man die Gegenseite durch bohrendes Nachfragen entlarven.

- Reihenfolge der Tagesordnung
  Ein wichtiger Tagesordnungspunkt steht ganz hinten – entweder, weil jemand hofft, ihn in der allgemeinen Erschöpfung gegen Sitzungsende rascher durchzubekommen, oder weil die Chance besteht, dass eine ungeliebte Angelegenheit so gar nicht mehr zur Sprache kommt und vertagt wird.
  Gegenstrategie: Antrag zur Tagesordnung.

- Tendenziöses Protokoll
  Im Protokoll werden getroffene Entscheidungen im Sinne einer Seite
  ›präzisiert‹ oder verwässert.
  Gegenstrategie: Bei für Sie relevanten Fragen sicherheitshalber selber
  mitschreiben, auf Korrektur des Protokolls bestehen.

Viele dieser Taktiken zielen auf die Überrumpelung der anderen Seite. Das
Gleiche gilt auch für *unfaire Gesprächstechniken* – meist geht es darum, Sie
zu verunsichern, zu provozieren, zu unüberlegten Äußerungen zu verleiten.
Einige Beispiele:

- Persönliche Angriffe
  »Sie haben doch schon die letzte Präsentation in den Sand gesetzt.« »Auf
  so eine Schnapsidee kann auch nur eine Frau kommen!«
  Gegenstrategie: Cool bleiben, in keinem Fall inhaltlich darauf einsteigen.
  Entweder kühl kontern (»Heute mit dem falschen Fuß aufgestanden?«)
  oder dazu auffordern, zur Sache zurückzukehren.

- Bestreiten der Fachkompetenz
  »Können Sie als Techniker das überhaupt beurteilen?« »In dieser Frage
  fehlt Ihnen einfach die Branchenerfahrung.«
  Gegenstrategie: Sachargumente wiederholen – was spricht *inhaltlich* dagegen? Sich nicht auf Kompetenzgerangel einlassen.

- Belehrende oder ›fürsorgliche‹ Bemerkungen
  »Wenn ich Sie mal kurz ins Bild setzen darf …« »Lieber Herr …, ich
  möchte Sie ja nur vor einem Fehler bewahren!« Hier schwingt man sich
  zum Oberlehrer auf, das sollten Sie zurückweisen.
  Gegenstrategie: Danke, Sie kommen ganz gut allein klar. Danke, Sie
  brauchen keine Belehrung.

- Lächerlichmachen
  »Ah, Frau Meier hat mal wieder eine geniale Idee, hahaha.«
  Gegenstrategie: Grinsen Sie müde, kontern Sie (»… und Herr Schulze offensichtlich seinen lustigen Tag«, »Keine Vorschusslorbeeren, bitte!«)
  und kehren Sie zur Sache zurück.

- Schmeicheleien
  »Da sind Sie doch Experte.« »Das haben Sie doch beim letzten Mal schon

so hervorragend gelöst.« Hier will Sie jemand einlullen, meistens, um Ihnen Arbeit zuzuschieben.

Gegenstrategie: Da stellt Ihr Gegenüber sein Licht aber ganz schön unter den Scheffel. Sie sind sicher, dass er das auch bewältigen kann.

- Übertreibungen
  »Wenn das jeder machen würde!« »Da können wir ja gleich die Buchhaltung abschaffen!«
  Gegenstrategie: Übertreibung als solche bezeichnen: Es geht nicht um jeden, sondern um den einzelnen Fall, die einzelne Maßnahme.

- Unbewiesene Tatsachenbehauptung
  »Wissenschaftlich erwiesen ist ...« »Fakt ist doch, dass ...« »In der Vergangenheit hat sich bewährt ...« Persönliche Meinungen werden als Tatsachen (oder ›wissenschaftliche Erkenntnisse‹) verbrämt.
  Gegenstrategie: Nachfragen, nachfragen, nachfragen. Wo? Wann? Wie? Durch welche wissenschaftliche Untersuchung?

Fazit aus der Praxis

> In Meetings wird oft mit harten Bandagen gekämpft. Rechnen Sie mit unfairen Gesprächstechniken (z.B. persönliche Angriffe, Übertreibungen und Belehrungen) sowie Verfahrenstricks (z.B. verspätete Infos, Metaprogramme, Eingriffe ins Protokoll).
> Unfaire Angriffe hebeln Sie am ehesten durch eine souveräne Reaktion aus (ignorieren, sachlich bleiben, kühl kontern); Verfahrenstricks durchkreuzen Sie durch Offenlegung oder ›sachliche‹ Gegenargumente.

Wie Sie Ihr Terrain behaupten

Die vorgeschlagenen Gegenstrategien im letzten Abschnitt machen es bereits deutlich: Wenn jemand Sie unfair attackiert, sollten Sie nicht in gleicher Münze zurückzahlen. Sie werten den Angriff nur auf, wenn Sie inhaltlich darauf eingehen. Bleiben Sie ruhig, kontern Sie eventuell mit einem flotten Spruch und lenken Sie wieder auf die Sachebene zurück – auch wenn Ihnen eigentlich das Herz im Hals schlägt. Für Werner M., Programmleiter in einem mittelständischen Publikumsverlag, ist »Gelassenheit« eine der wichtigen Führungstugenden. Er räumt ein: »Ich habe in den ersten Jahren viel Angst gehabt – vor Entscheidungen, vor Situationen: Was passiert, wenn das und das passiert? Davon wird man nie völlig frei, aber das muss man abbauen, denn das strahlt man aus. Und auch, wenn es ganz ohne innere Einstellung nicht geht: In bestimmten Situationen darf man ruhig auch mal etwas mehr scheinen als sein.«

Eine souveräne Reaktion, sachliches Nachhaken bewährt sich auch bei den meisten Verfahrenstricks. Das wird Ihnen umso leichter fallen, je besser Sie inhaltlich auf ein Meeting vorbereitet sind. Insbesondere in einer hochkarätig besetzten Runde und in der Anfangszeit, in der Sie sich erst noch ein Positivimage erarbeiten müssen, sollten Sie nichts dem Zufall überlassen. Für Mut zur Lücke sind große Runden der falsche Ort.

Je besser Sie vorbereitet sind, desto eher können Sie durch eigene Beiträge positiv auf sich aufmerksam machen. Vergessen Sie nicht: Meetings sind eine Bühne, und auf der sollten Sie sich nicht zum Statisten degradieren lassen. Paula S., langjährige Personalleiterin in großen Unternehmen, warnt gerade die Frauen vor allzu viel Bescheidenheit: »Während des Meetings sollte man darauf achten, Redebeiträge zu haben – möglichst lange und möglichst viele. Das alleine ist für Frauen schon eine Kunst, denn wir sagen alles in einem Satz, und dann steht die Botschaft. Männer dagegen können etwas linksherum sagen und dann rechtsherum und dann noch einmal rückwärts. Dann haben sie zwar auch nicht mehr gesagt, aber dadurch haben sie die langen Redezeiten und wir die kurzen. Also daran arbeiten, sich länger zu fassen.« Dr. Monika S. hat in ihrer Führungslaufbahn Ähnliches beobachtet: »Männer machen einfach viel mehr Bohei. Argumentationen, die man kurz und knapp präsentieren könnte, werden endlos aufgeblasen. Man(n) redet und redet, und irgendwann fragt man sich als Zuhörer: ›Was hat er eigentlich gesagt?‹ Ich habe Kollegen, die bei einer Redezeit von 15 Minuten mit 60 Folien in ein Meeting gehen. Das wäre dann eine Art Daumenkino.«

Sicherlich gibt es auch zurückhaltende Männer. Aber die meisten scheinen begriffen zu haben: Wer redet, wird sichtbar, wer schweigt, bleibt blass. Auch über Redezeiten wird Wichtigkeit signalisiert und Dominanz ausgefochten. Melden Sie sich also zu Wort, sobald die von Neuzugängen normalerweise erwartete Schamfrist der Zurückhaltung sich dem Ende zuneigt. Ob Sie dabei frei nach Karl Valentin verfahren (»Es ist schon alles gesagt worden, nur noch nicht von allen.«) oder doch stärker auf Substanz setzen, ist letztlich eine Frage der Persönlichkeit.

Zum Sichtbarwerden gehört auch die richtige Körpersprache. Noch einmal Paula S.: »(…) auch ein Tipp für Meetings: Sich breit machen, Platz einnehmen, auch wenn es anstrengend ist, das durchzuhalten. Ich habe mir angewöhnt, Platz durch Unterlagen zu belegen. Ich klappe beispielsweise meinen Ordner auf, damit dieser Platz mir auf jeden Fall schon mal gehört. Eigentlich ist es im Meeting wie beim Kampf um die Sessellehne im Kino. Und dieser Kampf, der wird gefochten: Wer kriegt wie viel Platz am Tisch? Wie oft wird einem, während man redet, die Sicht auf den Chef versperrt – etwa dadurch, dass der Kollege, der neben einem sitzt, sich vorbeugt, sodass ich ein Problem habe, gesehen zu werden.«

Sich so setzen, dass man auch gesehen wird (vor allem vom Chef!), sich nicht bescheiden irgendwo ›hinquetschen‹, sondern Raum für sich beanspruchen, nicht zu leise sprechen, sondern laut und deutlich, sich nicht einfach unterbrechen lassen, sondern weiterreden – solche körpersprachlichen Gesten sind ebenfalls ein wichtiges Mittel, Terrain zu behaupten.

Fazit aus der Praxis

> > Souveränität ist Trumpf: Je gelassener Sie in einer Sitzung (zumindest äußerlich) wirken, desto besser.
> > Behaupten Sie Terrain: Besetzen Sie Redezeit, lassen Sie sich auch körpersprachlich nicht in die Defensive drängen. Wer schweigt, bleibt blass.

Frau und Führung:
Womit Chefinnen zu kämpfen haben

Wir leben im 3. Jahrtausend. Die Tage des ausschließlich
von Männern dominierten Managements sind gezählt.
DOROTHEA ASSIG: FRAUEN IN FÜHRUNGSPOSITIONEN.
MÜNCHEN 2001

Chefinnen – längst keine Normalität

»Eine typische Meeting-Situation: Kaffee einschenken. Wie viel Erheiterung
ich damit auslöse, wenn ich in einem Meeting zur Kaffeekanne greife, hat
mich selber verblüfft. Wenn ich mir einschenke und – einfach, weil es praktisch ist, den Kollegen drumherum auch – kommt sofort ein Joke: ›Oh, heute sind Sie mal in Ihrer wirklichen Rolle zu Hause!‹ oder ›Endlich tun Sie
das, wofür Sie auch bezahlt werden!‹ oder auch ›Mein Gott, nein! Lassen Sie
mich das machen – Sie können doch als Frau keinen Kaffee ausschenken!‹
Es wird immer kommentiert, es wird nie einfach nur übergangen.« (Paula S.,
Personalleiterin in einem großen Industrieunternehmen – und Vorgesetzte
von 46 Mitarbeitern)

Wir leben im 3. Jahrtausend? Was die Einschätzung von Frauen in Führungspositionen angeht, manchmal wohl eher in den 50er Jahren des letzten
Jahrhunderts. Denn so harmlos die Meetingsprüche auf den ersten Blick
wirken, so entlarvend sind sie gleichzeitig. ›Normal‹ ist es jedenfalls noch
lange nicht, dass der Boss eine Frau ist – das zeigt schon der Blick in die Sta-
tistik. Nach einer Erhebung der Kienbaum Management-Consultants waren 2001 insgesamt 44,5 Prozent aller Beschäftigten Frauen, im mittleren
Management betrug ihr Anteil noch ganze 8 Prozent (im Westen) bzw. 14
Prozent (in Ostdeutschland). In der Geschäftsführung sinkt die Frauenquo-
te auf einheitlich gerade einmal 3 Prozent. Und in den Vorständen der
DAX-Unternehmen sucht man die Frauen ganz vergeblich.[34]

Woran liegt es, dass es für eine Frau »immer noch wahrscheinlicher ist,
vom Blitz erschlagen zu werden, als in den Vorstand eines deutschen Groß-
konzerns aufzurücken«, wie eine Abteilungsleiterin in einem jüngst erschie-
nenen Führungsbuch für Frauen spöttisch bemerkt?[35] Werden die Frauen
auf dem Weg nach oben systematisch ausgebremst? Oder wollen sie viel-

leicht gar nicht Karriere machen? Letzteres behauptet die Wirtschaftsjournalistin Barbara Bierach in ihrem Buch mit dem provokanten Titel *Das dämliche Geschlecht*.[36] Bierachs These: Frauen studierten schlicht die falschen Fächer (»Wer Anglistik studiert, wird nicht Vorstand«), hätten Angst vor der Macht (wollten nicht als »unweiblich« oder »rücksichtslos« gelten) und scheuten die Anstrengungen einer Karriere. Spätestens Mitte 30 zögen sie sich in die Vorstadtvillen zurück und kümmerten sich um die Familie.

Zumindest im letzten Punkt pflichtet Dr. Jürgen Lürssen ihr bei. Er beziffert den Anteil der Frauen in Führungspositionen bei seinem ersten Arbeitgeber, einem deutschen Konzern der Konsumgüterindustrie, auf »sicher weniger als fünf Prozent« und meint zur Begründung: »Karriere kann man nur im Vollzeitjob machen, und die Frage von Frauen in Führungspositionen steht und fällt für mich deshalb mit der Frage der Ganztagskinderbetreuung. Ich beobachte das immer wieder: Sobald das erste Kind kommt, hören fast alle Frauen ganz selbstverständlich auf zu arbeiten, und es fiele ihnen überhaupt nicht ein, das Kind ganztags wegzugeben. Was in Frankreich oder in der DDR völlig normal ist bzw. war – und die Franzosen oder die Leute in der DDR sind ja nicht alle neurotisch geworden, bloß weil sie in der Krippe aufgewachsen sind – das ist in den alten Bundesländern überhaupt nicht akzeptiert.«

Auch Sonja Bischoff, Professorin für Betriebswirtschaftslehre und seit mehr als zehn Jahren mit Untersuchungen zum Thema Führung befasst, relativiert die Klage über den geringen Anteil von Frauen in Führungspositionen mit dem Hinweis, dass sie in den »karriereorientierten« Studiengängen wie Wirtschaftswissenschaften, Ingenieurwesen oder Jura mit ca. 20 Prozent unterrepräsentiert seien. Der Frauenanteil in Führungspositionen von knapp 13 Prozent sei vor diesem Hintergrund »nicht dramatisch niedrig«.[37] Gleichzeitig stellt sie in einer Befragung unter 350 Führungskräften des Mittelmanagements eine geringere Aufstiegswilligkeit der Managerinnen gegenüber ihren Kollegen fest. Einen »weiteren beruflichen Aufstieg« streben danach 52 Prozent der Männer auf der ersten Führungsebene an, aber nur 33 Prozent der Frauen. Auf der zweiten, mittleren Führungsebene sind es 39 Prozent der Männer und 33 Prozent der Frauen; auf der dritten, niedrigsten Ebene ist das Verhältnis interessanterweise noch umgekehrt: 25 Prozent der Männer, aber 40 Prozent der Frauen planen einen weiteren Aufstieg.[38] Sollten hier etliche Frauen auf dem Weg nach oben die Lust verloren haben?

Diese Beobachtung stützt Dr. Monika S., ehemalige Marketingleiterin: »Es ist ja nicht nur das Gerangel auf der Karriereleiter, das Frauen vielleicht scheuen, sondern auch die Doppelbelastung, die immer da ist, wenn Sie in einer festen Partnerschaft leben oder sogar Familie haben. Egal wie viel Dienstleistungen Sie zukaufen – die ganze Haushaltskoordination liegt immer noch bei den Frauen. Spätestens nach 15 Jahren im Beruf zeigen sich dann Verschleißerscheinungen – viele Frauen mit Anfang, Mitte 40 in meinem Bekanntenkreis fragen sich, ob sie sich extremes berufliches Engagement wirklich weiter antun wollen.«

Also tatsächlich falsches Studium und freiwilliger Rückzug, wie Barbara Bierach behauptet? Wie so oft bei einfachen Erklärungsmustern ist das nur die halbe Wahrheit. Gleichzeitig lässt sich nicht leugnen, dass es Frauen in der Führung nach wie vor schwerer haben als Männer. So meint etwa Werner M., Programmleiter in einem mittelständischen Publikumsverlag: »Dass man in Führungspositionen wenige Frauen fand, hing im letzten Verlag sehr mit der Geschäftsleitung zusammen – letztlich war das so gewollt, Frauen wurde eher misstraut. Männern wurden Chancen eröffnet, die wären Frauen nicht eröffnet worden. Darum bin ich von ›mitführenden‹ Frauen dort oft beneidet worden. Das ist hier nicht so. Aber auch hier sind mehr Männer im Führungskreis als Frauen, und der Geschäftsführer ist ein Mann. Woran das liegt? Vielleicht daran, dass Führung in gewisser Weise an Männern unbewusst eher akzeptiert wird, auch von Frauen. Vor der ›Herde‹ muss einer gehen, von dem man weiß, dass er die Richtung kennt, dem man vertraut, dass er die richtige Richtung wählen wird, und dem man zutraut, dass er einen auch hinführen wird. Das hat ja etwas sehr Archaisches. Und ich glaube, dass wir gerade deswegen eher gewohnt sind, Männer in dieser Rolle zu akzeptieren als Frauen.«

Eine Frau und Chef – so ganz geht das in vielen Köpfen eben doch noch nicht zusammen. Richtung vorgeben, sich exponieren, sich gegen Widerstände behaupten und durchsetzen, Forderungen stellen und Klartext reden, all das passt schlecht zum klassischen Rollenverständnis der Frau als beziehungsorientiert, freundlich und ausgleichend. »Sei wie das Veilchen im Moose/bescheiden sittsam und rein/und nicht wie die stolze Rose/die immer bewundert will sein«, hat fast jede heute 35- bis 40-Jährige im Poesiealbum noch mit auf den Weg bekommen.

Sonja Bischoff hat ihre Probanden auch nach »Hindernissen« in der Führungslaufbahn gefragt. In der Einstiegsphase nennen immerhin 16 Prozent der Frauen »Vorurteile gegenüber Frauen«, in der Aufstiegsphase sind es schon 33 Prozent.[39] Dabei muss berücksichtigt werden, dass zwar nur etwa die Hälfte aller Befragten (Männer wie Frauen) diese Frage beantwortet, aber nur ein Sechstel Probleme explizit leugnet. Interessant ist: Die Probleme der Frauen nehmen offenbar mit der Stellung auf der Karriereleiter zu, vielleicht, weil der Konkurrenzkampf härter wird, wie Dr. Monika S. meint: »Ich denke, bis zu einer bestimmten Ebene wird man als Frau noch gefördert, und sei es nur, weil das Unternehmen damit zeigen kann, wie innovativ und modern es ist. Aber auf der Ebene der Top-Positionen wird die Zahl der Stellen dann geringer, und da laufen sich natürlich auch die ganzen Männer warm.«

Frauen sind nach wie vor in der Minderheit, und sie haben nach wie vor mit Vorurteilen zu kämpfen. Das macht eine Führungskarriere für sie nicht einfach. Nicht immer kommt die männliche Skepsis so unverblümt daher wie bei Paula S., die es mit 38 Jahren immerhin zur Bereichsleiterin Personal eines Industrieunternehmens mit knapp 4000 Mitarbeitern gebracht hat: »Die meisten berufstätigen Männer kennen ja nur zwei Typen von Frauen: Sie kennen ihre Sekretärin und sie kennen die Hausfrau und Mutter zu Hause. Und man muss sich als Führungsfrau ständig von diesen inneren Bildern abgrenzen. Plötzlich haben die Männer es mit einer Frau zu tun, die sitzt auf derselben Etage, die fährt ein genauso großes Auto, die verdient genauso viel – und das ist irgendwie komisch. Das ist fremd. Ich würde gerne einmal einen Inder oder einen Schwarzen fragen, wie der sich in einem deutschen Management fühlt. Vielleicht ist das ähnlich wie für eine Frau.

Zum Beispiel die Autofrage, also der Dienstwagen – wie oft wurde mir von Kollegen allen Ernstes empfohlen: ›Nehmen Sie doch was schönes Kleines, es gibt doch so nette neue Corsas!‹ Neulich habe ich zu jemandem in so einer Situation gesagt: ›Also wissen Sie, viel größer als ich sind Sie auch nicht mit Ihren Einssiebzig!‹ Der meinte dann ganz irritiert: Naja, also …, es könnte ja auch was kleines Sportliches sein. Aber ob es denn wirklich der 523er BMW sein müsse? Der passt in den Augen der männlichen Kollegen einfach nicht in eine Frauengarage.«

Sie, lieber männlicher Leser, finden es lächerlich (oder gar »zickig«, auch das ein beliebter Vorwurf an die Frauen …), sich über so etwas aufzuregen? Sie haben Recht, als einzelne Bemerkung ist es kaum der Rede wert. Beunruhigend ist nur die Haltung, die zu solchen Bemerkungen führt. Denn vermutlich ist dieselbe Haltung dafür verantwortlich, dass Frauen bis heute für den gleichen Job deutlich geringer entlohnt werden. »Frauen verdienen in jeder der betrachteten Führungsebenen (…) weniger als Männer in gleicher hierarchischer Position«, hat Sonja Bischoff in ihrer Erhebung 1998 festgestellt. Ein Blick in die Vergangenheit macht wenig Hoffnung für die Zukunft: »Der Abstand, der schon 1986 und 1991 festgestellt wurde, ist geradezu zementiert.«[40] Die Kienbaum-Erhebung beziffert den Einkommensnachteil der Frauen im Jahre 2001 übrigens auf durchschnittlich 15 Prozent.[41] Oder tragen auch hier die Frauen wieder eine Mitschuld, weil sie es nicht gelernt haben, energischer Forderungen zu stellen? Fest steht: Das Karrierespiel wird nach männlichen Spielregeln gespielt, und frau sollte strategisch klug mitspielen. Mehr dazu im nächsten Abschnitt.

Fazit aus der Praxis

> Weibliche Führungskräfte sind immer noch die Ausnahme: Weniger als ein Sechstel aller Positionen im mittleren Management ist mit Frauen besetzt, im Top-Management sind es ganze drei Prozent.
> Die mangelnde Präsenz von Frauen in Führungspositionen resultiert teilweise aus ihrer beruflichen Orientierung (Frauen studieren seltener die Fächer, die für eine Karriere im Management prädestinieren). Außerdem erweist sich die frauentypische Doppelbelastung (Haushalt, Kinder und Beruf) als Karrierebremse, die die Aufstiegsorientierung der Frauen hemmt.
> Gleichzeitig leiden Frauen unter geschlechtsspezifischen Vorurteilen, die anzweifeln, dass ›Frau und Führung‹ zusammenpassen. Augenfälligster Niederschlag: Frauen verdienen im Durchschnitt erheblich weniger als Männer in derselben Position.

Die Spielregeln sind männlich

Frauenwelten – Männerwelten

Was ist mit einer Fünfjährigen, die wütend mit dem Fuß aufstampft, ihre Freundin wegschubst und auf ihrem Willen beharrt? Sie ist ein ›schwieriges Kind‹. Und was ist, wenn der gleichaltrige Nachbarsjunge das Gleiche tut? Naja, er ist eben ein ›richtiger Junge‹ … Gleichgültig, wie viel wir letztlich unseren Genen und wie viel wir Erziehung und gesellschaftlichen Einflüssen schulden: Mädchen und Jungen wachsen tatsächlich partiell in verschiedenen Welten auf. Jungengruppen sind stärker hierarchisch strukturiert – sich miteinander messen, rangeln, einen möglichst hohen Status zu erreichen und zu sichern ist etwas ganz Normales. Mädchen dagegen lernen, dass Gleichheit und harmonische soziale Beziehungen positive Werte sind.

Mit den eigenen Leistungen zu ›prahlen‹, sich nicht in den Vordergrund zu ›drängen‹, andere zu dominieren wird negativ bewertet.[42]

Dass Männer tendenziell eher statusorientiert, Frauen eher beziehungsorientiert handeln, lässt sich in Alltagssituationen immer wieder beobachten. Haben Sie schon einmal zwei Frauen beobachtet, die sich gegenseitig ihre Autos vorführen und Hubraum, PS und Spitzengeschwindigkeit diskutieren? Nein? Wahrscheinlich haben die beiden sich gegenseitig Komplimente über Wohnungseinrichtung und Kleidung gemacht oder sich über die neuesten Nöte im Job ausgetauscht, während ihre Ehemänner draußen das ›Statusspiel‹ spielen … Ähnlich frappierend und inzwischen bis ins Kabarett vorgedrungen: Was passiert, wenn ein Paar sich in einer fremden Stadt verfährt? Richtig: *Sie* schlägt ziemlich rasch vor, nach dem Weg zu fragen. *Er* wehrt sich mit Händen und Füßen dagegen – indem er ungerührt leugnet, sich überhaupt verfahren zu haben (Phase 1). Lässt sich das nicht länger bestreiten, wird die Kompetenz aller potenziellen Ansprechpartner infrage gestellt (»Ich frage doch nicht den Rentner da drüben!!«) (Phase 2), und schließlich kühn behauptet, man(n) werde X schon finden. Wie laut es in der Endphase zugeht, hängt vom Temperament der Akteure ab. Frauen haben kein Problem damit, Unwissenheit einzugestehen; Männer sehen dadurch ihren Status gefährdet – allein durch die Frage begibt man sich in eine unterlegene Position.

Diese Verhaltensmuster setzen sich im Berufsleben fort. Dorothea Assig, seit 20 Jahren als Managementtrainerin und Coach erfolgreich, schreibt: »›Ich bin hier, weil ich alles über meine Schwächen wissen will.‹ Das ist die Erkennungsmelodie von Frauen in Bildungsveranstaltungen. (…) Bereits in der Vorstellungsrunde betonen sie wie selbstverständlich ihre ›Unzulänglichkeiten‹ … Und wie sieht es bei männlichen Teilnehmern aus? ›Ich möchte noch erfolgreicher werden. Ich bin jetzt der beste stellvertretende Vorsitzende, besser noch als der Vorsitzende selbst. Auch mit unserer Betriebsratsmannschaft sind wir ungeschlagen.‹«[43]

Frauen werben über das Eingestehen von Schwächen um Sympathie und vermeiden es, sich durch Eigenwerbung ›in den Vordergrund zu drängen‹; ihre männlichen Kollegen fahren die Gegenstrategie. Welches Verhalten karrierefördernder ist, liegt auf der Hand. Warum sollte man jemanden befördern, der die eigene Leistung herunterspielt und mit Bescheidenheit punkten will? Da wird schnell mangelnde Kompetenz oder mangelnde Durchsetzungsstärke unterstellt – zumindest wenn die andere Seite nach ›männlichen‹ Spielregeln spielt. Sich zu exponieren, sein Licht eben nicht unter den Scheffel zu stellen gehört zur Führungsrolle dazu, und das wissen die Männer nur zu gut: »Die Erfahrung, dass Frauen mit Fleiß und ohne viel Aufhebens ihre Arbeit tun, mache ich oft, ja. Und Männer sind manchmal nicht genauso fleißig, aber reden viel mehr über ihre Arbeit und werden dadurch zwangsläufig mehr bemerkt«, stellt Homola-Vorstand Frank Spandl fest und ergänzt: »… man beachtet mehr die Leute, die Lärm machen, keine Frage.« Um jemanden zu befördern, muss man ihn oder sie schließlich erst einmal zur Kenntnis nehmen …

Stehen Sie also zu Ihren Erfolgen, reden Sie sie nicht selbst klein. Statt sich über ›prahlende‹ Kollegen zu ereifern, ziehen Sie Ihre Lehren aus deren Verhalten – Klappern gehört zum Handwerk. Die Hoffnung, Leistung werde sich schon auszahlen und man werde wie ein braves Schulmädchen für Fleißarbeit belohnt, ist naiv.

Auch in der Schlüsselsituation Meeting stellen Frauen sich durch weibliche Zurückhaltung selbst ein Bein. »Es hält ja kaum eine Frau aus, über Stunden in einem Meeting zu sitzen, wo jeder noch einmal den Redebeitrag des Vorredners mit anderen Worten wiederholt. Das findet man unter Frauen nicht: Da kommt man zum Thema, man redet drüber, man hat eine Lösung und geht wieder auseinander. Frauen-Meetings gehen auch fast immer schnell. Bei Männern wird sehr viel Zeit darauf verwendet, immer noch mal zu gucken, steht man im richtigen Licht, hatte man genügend Redebeiträge – es wird sehr viel gemessen. Bei Frauen ist das anders: Man weiß, wer am Tisch sitzt, man kennt die Funktion, man kann sich wahrscheinlich auch vorstellen, wie viel die andere verdient – und da muss man nicht erst noch gucken, wer fährt das größte Auto, wer hat am meisten Macht, wer sitzt dem Chef am nächsten«, hat Personalfachfrau Paula S. beobachtet.

Klar ist: Keine Frau der Welt wird eine versammelte Männerrunde ›umerziehen‹, schon gar nicht unter dem hehren Vorsatz größerer Sachorientierung – schließlich halten sich Männer im Regelfall für sachlicher und rationaler als das vermeintlich schwache Geschlecht. Wer sich behaupten will, muss das Spiel im entscheidenden Moment mitspielen können, meint Paula S.: »Für den Fall, dass mir eine Sache wirklich wichtig ist, wenn es in einem Meeting um etwas geht, habe ich mir mühsam beigebracht, es ähnlich zu machen wie die Männer: mich so zu setzen, dass ich gesehen werde, oder links neben dem Chef – da sitzt in der Regel die vertrauteste Person. Das macht für alle anderen schon mal sichtbar: ›Oh, die ist ernst zu nehmen.‹ Gut ist auch immer, zusammen mit dem Chef ins Meeting reinzukommen – das gibt gleich Punkte, da wird gleich geguckt. Oder auch, hinterher noch etwas mit ihm zu besprechen und dann gemeinsam rausgehen. Dafür muss man allerdings sehr hartnäckig sein, denn immer, wenn ein Meeting vorbei ist, hängen sehr viele am Chef.

Während des Meetings sollte man darauf achten, Redebeiträge zu haben – möglichst lange und möglichst viele. (…) Sich außerdem nicht unterbrechen lassen – einfach weiterreden. Den anderen zu unterbrechen ist in Meetings eines der beliebtesten Spielchen, und da muss man als Frau härter im Nehmen sein. Frauen sind oft höflich und haben das Bedürfnis, den anderen zu Wort kommen zu lassen. Trotzdem: einfach weiterreden, bis der andere aufhört, einen zu unterbrechen, oder deutlich klarstellen: ›Jetzt rede ich, und Sie halten bitte mal die Luft an.‹ Natürlich, ohne dass es zickig wird – das ist dann die nächste Kunst.«

Zur Chefinnenrolle gehört außerdem, dass Sie nicht in jedem Moment von jedem Ihrer Mitarbeiter ›geliebt‹ werden können. Unpopuläre Maßnahmen sind Teil Ihres Jobs. Noch einmal Paula S.: »Früher war der Konflikt für mich: Mache ich mich damit unbeliebt? Wahrscheinlich ist auch das frauentypisch – ich mag, wenn meine Mitarbeiter mich mögen. Eigentlich sollte einem das im Berufsalltag wurscht sein; ist es mir aber nicht. Aber dass jemand aus meinem Büro geht und mit den Augen rollt und zu den Kollegen sagt: ›Heute hat sie wieder ihre drolligen fünf Minuten‹ – das muss man ertragen können, und das kann ich mit zunehmendem Alter auch besser ertragen.«

Auch Dr. Monika S., Marketingleiterin in einem Chemieunternehmen, lobt einerseits das »größere Gespür für Menschen« bei den Führungsfrauen, warnt aber andererseits: »Mit diesem Gespür stellen sie sich auf der anderen Seite aber auch ein Bein – wenn Sie zu feine Antennen haben und sich jedes Aufstöhnen gleich zu Herzen nehmen, bewegen Sie nichts. Man muss den richtigen Weg zwischen Sensibilität und dickem Fell finden.«

Fazit aus der Praxis

> Männer denken und handeln tendenziell eher statusorientiert, Frauen eher beziehungsorientiert.
> Männer tun sich daher mit dem klassischen (hierarchischen) Führungsverständnis leichter, während weibliche Rollenerwartungen damit kollidieren: Das Bemühen um harmonische Beziehungen, das Vermeiden von Dominanz und Zurückhaltung beim Ausspielen eigener Leistungen und Erfolge werden schnell als Mangel an Durchsetzungskraft und Kompetenz interpretiert.
> Frauen, die im Führungsalltag bestehen wollen, tun gut daran, die

Spielregeln zu durchschauen und in puncto Selbstmarketing, Exponieren der eigenen Person und ›Es-nicht-immer-allen-recht-machen-zu-können‹ für sich zu adaptieren.

> Auch die Machtspiele in Meetings müssen Sie mitspielen können: Besetzen Sie Redezeit, lassen Sie sich nicht an den Rand drängen oder durch Unterbrechungen mundtot machen.

Frauensprache – Männersprache

Das Spiel mitspielen – dazu gehört auch, die richtige Sprache zu sprechen. Und auch hier trennen Männer und Frauen manchmal Welten. »Frauen reden anders« hat die Betriebswirtin und Ex-Geschäftsführerin Margit Hertlein ihr Buch zum »Jobtalk« betitelt und bringt damit die Ergebnisse jahrzehntelanger linguistischer Forschung auf den Punkt.[44] Man muss allerdings kein Sprachwissenschaftler sein, um typisch männliche und typisch weibliche Gesprächsmuster zu erkennen. Wenn Sie Lust haben, die Probe aufs Exempel zu machen, füllen Sie einfach den folgenden kleinen Test aus.

Test: Wer spricht vermutlich – Mann oder Frau?

	Mann	Frau
1. »Ich bin mir nicht sicher, ob das funktioniert, aber vielleicht könnten wir es mit X versuchen.«	☐	☐
2. »Dieses Problem lässt sich doch lösen. Ich schlage X vor.«	☐	☐
3. »Frau Meier, diese Briefe müssen heute noch raus!«	☐	☐
4. »Frau Meier, ich weiß, es kommt spät, aber könnten Sie diese Briefe vielleicht noch schreiben?«	☐	☐
5. »Meiner Ansicht nach liegt das Problem …«	☐	☐
6. »Das ist doch wohl sonnenklar! Das Problem liegt bei …«	☐	☐
7. »Dieser Bericht ist völlig unübersichtlich! Sie müssen ihn gründlich überarbeiten.«	☐	☐

8. »Sehr schön, Ihr Bericht. Vielleicht ein bisschen unübersichtlich. Was halten Sie davon,
die Gliederung zu überarbeiten?«   ☐   ☐

9. »Übrigens, ich habe den Meier als Kunden gewonnen. War ein ganz schönes Stück Arbeit. Wie
der bis zuletzt versucht hat, an den Konditionen
zu schrauben! Ködern konnte ich ihn schließlich
mit dem besseren Service. Das bringt uns 2003
einen Umsatz von mindestens 500.000,- EUR.«   ☐   ☐

10.»Ach, den Meier zu gewinnen, das war gar nicht
so schwer. Überzeugt hat ihn dann doch der
bessere Service.«   ☐   ☐

Soziolinguistische Studien haben immer wieder bestätigt, dass Frauen

- Meinungsäußerungen häufig mit »verbalen Rückziehern« einleiten und
dadurch abschwächen (etwa durch »Ich persönlich denke …«, »Nur so
eine Idee von mir …«, siehe auch Beispiel 1 und 5);

- klare Anweisungen scheuen, stattdessen auf Bitten oder Vorschläge ausweichen und so ihre eigene Position herunterspielen (etwa die Sekretärin
um einen »Gefallen« bitten statt ihr eine Aufgabe direkt zu übertragen,
siehe auch Beispiel 4);

- direkte Kritik vermeiden, weil Sie dem anderen nicht wehtun wollen, und
stattdessen auf Andeutungen oder Vorschläge ausweichen (»Könnte es
sein, dass Sie X übersehen haben?« statt »Die Aufstellung ist unvollstän-
dig.«, siehe auch Beispiel 8);

- ihre eigenen Leistungen eher herunterspielen, statt selbstbewusst zu
ihren Erfolgen zu stehen (siehe Beispiel 10).

Rücksicht auf den anderen und seine Gefühle, Gemocht-werden-Wollen,
harmonische Beziehungen, eher Gleichheit als Statussicherung – klassische
weibliche Werte schlagen sich hier auch nieder. Dazu passen weitere ge-
schlechtsspezifische Verhaltensweisen, etwa dass Frauen

- im Gespräch tendenziell mehr lächeln und andere Signale positiver Bestätigung aussenden (aufmerksam zuhören, nicken, mmh, ah ja und ähnliche
Laute);

- leiser reden, sich kürzer fassen (im Bemühen, sich ja nicht ›in den Vordergrund zu drängen‹);

- ihre Unkenntnis offener eingestehen (etwa durch Fragen), Fehler eher einräumen;
- sich rituell entschuldigen (selbst dann mit einem fast reflexhaften »Tut mir Leid« reagieren, wenn der Fehler gar nicht bei ihnen liegt);
- in Verhandlungen ihre Ansprüche weniger energisch anmelden und mehr Rücksicht auf Wünsche und Vorstellungen der anderen Seite nehmen.

Mögliche Vorurteile gegen weibliche Führungskräfte werden so bestärkt: Wer seine Unwissenheit öfter eingesteht, gilt schnell als ›inkompetent‹; wer zu viel Rücksicht nimmt, ›kann sich nicht durchsetzen‹; wer Anweisungen indirekt formuliert und Kritik in vorsichtiges Nachfragen kleidet, riskiert, dass die eigentliche Botschaft gar nicht ankommt – zumindest, wenn das (männliche?) Gegenüber nicht auf der gleichen Wellenlänge kommuniziert, sondern Klartext erwartet. Die bekannte Soziolinguistin Deborah Tannen wagt sogar die Hypothese, die berüchtigte »Glasdecke«, die den Aufstieg vieler Frauen bremse, sei in Wirklichkeit eine »Wortmauer«.[45]

Und die Lösung? Einfach den ›männlichen‹ Stil kopieren – direkt, schnörkellos, weniger um die Gefühle anderer, sondern eher um den eigenen Status besorgt? Für die meisten Frauen keine Alternative; schließlich wollen sie sich in ihrer Haut weiterhin wohl fühlen. Erfolgreiche Führungsfrauen plädieren für einen klugen Mittelweg. Auf die Frage etwa, wie sich ihr Führungsverhalten im Laufe der Zeit geändert hat, meint Personalleiterin Paula S.: »Ich denke, ich habe mit der Zeit mehr Mut zur Klarheit, mehr Mut auch zur klaren Ansage gewonnen. Früher habe ich eher gehofft, dass man aus der Art und Weise, wie ich selber arbeite, indirekt schließen kann, wie ich etwas gerne möchte. In der Praxis dauert das zu lange und geht oft schief. Ich habe mir inzwischen angewöhnt, Klartext zu reden und zu sagen, was ich erwarte und wie ich etwas genau haben möchte.«

Freundlich im Ton und klar in der Sache – warum sollte sich das ausschließen? Mit Andeutungen und Vorschlägen bürden Sie der anderen Seite Rätselraten auf. Die Sorge, sich durch direkte Anweisungen ›unbeliebt‹ zu machen, verschiebt das Problem nur: Spätestens, wenn die Dinge nicht so laufen, wie Sie sich vorgestellt haben, werden Sie Farbe bekennen müssen – auf die Gefahr hin, dass mancher Mitarbeiter sich ungerecht behandelt fühlt, weil Sie das »nicht gleich gesagt haben«. Wenn ein Arbeitsergebnis nicht akzeptabel ist, sagen Sie das, statt den Mitarbeiter mit Andeutungen im Unklaren zu lassen, was von ihm erwartet wird. Und wenn Sie ein Arbeitsergebnis bis zu einem bestimmten Termin brauchen, formulieren Sie das präzise, statt dies in eine vorsichtige Frage zu kleiden.

»Mehr Klartext« – dieses Motto kann Sie auch vor weiteren Frauenfallen im Gesprächsverhalten bewahren. Vermeiden Sie typische Relativierungen (›meiner Meinung nach‹, ›ich persönlich denke‹) und erst recht klassische Rückzieher (›nur eine Idee‹) und kleinmädchenhafte Fragen (›vielleicht könnten wir ja …?‹). Sagen Sie Ihre Meinung – und zwar laut und deutlich. Reklamieren Sie Redezeit für sich, Ihre männlichen Kollegen tun es auch. Lassen Sie sich nicht einfach unterbrechen, sondern reden Sie weiter, wenn Sie noch nicht fertig sind: ›Herr Wagner, ich bin noch nicht fertig!‹, ›Lassen Sie mich bitte ausreden!‹; solche Sätze sollten Ihnen freundlich, aber glatt über die Lippen gehen.«

Fühlen Sie sich nicht für die allgemeine Meetingharmonie zuständig: Pokerface, skeptische Zurückhaltung, mäßiges Interesse – auch solche Signale sollten Sie aussenden können. Beobachten Sie sich einmal selbstkritisch und vergleichen Sie sich mit Ihren männlichen Kollegen: Sind Sie diejenige, die immer aufmerksam guckt, nett lächelt und dem jeweiligen Sprecher ermutigend zunickt? Dann riskieren Sie, als ›lieb, aber harmlos‹ eingestuft zu werden. Respekt verschaffen Sie sich auf diese Weise nicht.

Fazit aus der Praxis

> Zurückhaltung und Harmoniestreben als weibliche ›Tugenden‹ finden ihren Niederschlag in weiblichen Gesprächsmustern – etwa in stark verklausulierten (und so möglicherweise unklaren) Anweisungen; in Kritik, die als vorsichtige Frage oder bloße Anregung daherkommt; in überflüssigen Relativierungen eigener Aussagen (etwa als ›persönliche Meinung‹ oder als ›erste Idee‹).

> Reden Sie Klartext, dann bekommen Sie am ehesten, was Sie wollen. Eindeutigkeit in der Sache und Freundlichkeit im Ton müssen sich nicht ausschließen. Besetzen Sie Redezeiten, lassen Sie sich nicht das Wort abschneiden.

Die Legende vom Führungsstil der Zukunft

Sich die eine oder andere Verhaltensstrategie durchaus von den Männern abgucken lautet also der Rat. Wie passt das zum Loblied auf weibliche Sensibilität und soziale Kompetenz, die Frauen angeblich zu den Führungskräften der Zukunft machen? Misstrauisch stimmt, dass dieses Loblied schon seit Jahrzehnten gesungen wird, ohne dass sich diese hehre Erkenntnis in der Personalpolitik der Unternehmen entscheidend niedergeschlagen hätte. Wenn man die derzeitige Entwicklung fortschreibt, dauert es noch 961 Jahre, bis die Gleichberechtigung von Frauen und Männern erreicht ist, hat die Internationale Arbeitsorganisation in Genf errechnet.[46] Lassen Sie sich also besser nicht von Lippenbekenntnissen blenden – als Frau bekommen Sie auch im 21. Jahrhundert keinen ›EQ-Bonus‹.

Ob Frauen in der Praxis tatsächlich anders führen, ist umstritten. Marketingleiterin Dr. Monika S. sieht Frauen als »sensibler« und mit einem besseren »Gespür für Menschen«; Personalleiterin Paula S. reklamiert »mehr persönliche Nähe« zu den Mitarbeitern, unterstreicht gleichzeitig aber auch die hohen Qualitätsansprüche vieler Frauen: Sie seien »sehr anspruchsvoll im Zielesetzen«. Führungsforscherin Sonja Bischoff kommt auf der Basis ihrer umfangreichen Befragungen zu dem Schluss, dass der »in der Vergangenheit propagierte, teils beschworene große Unterschied im Führungsverhalten von Männern und Frauen (…) bisher nicht durch empirische Untersuchungen nachgewiesen werden« konnte. In ihrer Selbsteinschätzung charakterisieren beide Geschlechter ihren Führungsstil als »grundsätzlich kooperativ« sowie falls nötig »situationsabhängig autoritär« und bestätigen damit die Einschätzungen der Interviewpartner in diesem Buch.[47]

Männliche Führungskollegen dagegen nehmen ihre Kolleginnen zum Teil als besonders hart oder autoritär wahr: »Ohne den Frauen zu nahe treten zu wollen: Frauen sind im Regelfall keine einfachen Führungskräfte, weil sie unter dem Beweisdruck stehen, auch sich selbst gegenüber, alles noch viel besser zu machen als die Männer. Die Frauen, die ich beobachtet habe (und eine kurze Zeit hatte ich selbst eine Vorgesetzte) sind meist sehr hart in der Führung, sehr tough. Sie stellen an sich selbst immense Ansprüche und auch an das Umfeld, das diesen Ansprüchen ad hoc oft gar nicht standhalten kann. Da fehlt eine gewisse Lockerheit und dadurch auch eine gewisse Akzeptanz«, meint etwa Thomas B., Vorstand einer größeren Kreditgenossenschaft. Werner M., Programmleiter in einem mittelständischen Publikumsverlag, sieht das ähnlich: »Nach meiner Beobachtung treten Frauen häufig härter und energischer auf, vielleicht um den Rollennachteil auszugleichen. Dafür gab und gibt es Beispiele unter meinen Führungskolleginnen. Dabei muss man natürlich auch berücksichtigen, dass bei einer Frau schon als Härte rüberkommt, was man bei einem Mann als ganz normal empfindet.«

Entscheidend ist der Nachsatz: Frauen stehen als Ausnahmeerscheinungen im Führungsalltag stärker unter Beobachtung, und sie werden instinktiv am klassischen Rollenbild gemessen. Wo ein Mann Durchsetzungsvermögen beweist, gelten sie womöglich schon als hart und kaltschnäuzig; wo ein Mann Führungsstärke zeigt, werden sie als autoritär wahrgenommen. Verräterisch in dieser Hinsicht ist die gängige Diffamierung als »Mannweib«. Hält frau sich dagegen an traditionell weibliche Werte von Zurückhaltung und Freundlichkeit, fehlt ihr der nötige Biss – eine klassische Double-Bind-Situation, in der man sich eigentlich nur falsch verhalten kann.

Welches Fazit sollte frau daraus ziehen? Rechnen Sie damit, dass Sie so oder so anecken werden – es gibt keinen Königsweg, der aus diesem Dilemma herausführt. Finden Sie Ihren eigenen Stil, beziehen Sie Position und behaupten Sie sie auch. Und lassen Sie sich gar nicht erst in Wortgefechte darüber verstricken, ob Sie »als Frau« dies oder jenes können oder ob ein Verhalten »weiblich« ist oder nicht: »Wenn jemand bezweifelt, ob ich als Frau dort richtig bin, reagiere ich mit einem kurzen Spruch, Motto ›Schau'n mer mal.‹ Ich habe mich nie auf die Diskussion eingelassen, sind Frauen hier richtig, und wenn ja, warum? Weder auf die Diskussion ›Müssen Frauen Geld verdienen?‹ noch auf die Diskussion ›Wollen Sie nicht irgendwann eine Familie gründen und sind dann weg?‹ Und auch nicht auf die Diskussion: ›Mein Gott, Ihr armer Mann! Der muss es ja gaaaanz schwer haben. Müssen Sie denn immer so viel arbeiten?‹ – armer, armer Mann von Karrierefrau. In dem Moment, wo man sich auf eine solche Diskussion einlässt, hat man schon verloren«, rät Personalleiterin Paula S.

Mehr »souveräne Gelassenheit« wünschten sich unsere männlichen Interviewpartner in der Mehrzahl von Ihren Führungskolleginnen.[48] Je selbstverständlicher Sie Ihre Position für sich reklamieren und ausfüllen, desto besser. Welche Klippen Sie dabei umschiffen sollten, lesen Sie im nächsten Abschnitt.

Fazit aus der Praxis

> Allen Lobliedern auf die hohe soziale Kompetenz von Frauen zum Trotz sind Führungsalltag und Karriere von Männern (und damit von männlichen Spielregeln) geprägt. Vertrauen Sie also lieber nicht auf die alltagspraktische Relevanz gängiger Lippenbekenntnisse zum weiblichen Führungsstil als Stil der Zukunft.

> Seien Sie darauf gefasst, mehr oder weniger direkt mit Vorurteilen gegenüber weiblichen Führungskräften konfrontiert zu werden. Das kann von der Einschätzung Ihres Verhaltens als ›unweiblich‹ bis zum Zweifel an Ihren Fähigkeiten reichen. Lassen Sie sich auf solche Diskussionen gar nicht erst ein – wer sich verteidigt, klagt

sich auch hier an. Je selbstverständlicher Sie die Führungsrolle für sich reklamieren, desto besser.

Typische Frauenfallen

Als Führungsfrau bewegen Sie sich auf schwierigem Terrain, das lässt sich kaum leugnen. Machen Sie sich das Leben nicht noch schwerer, indem Sie in eine der typischen Frauenfallen laufen.

Die Bescheidenheits-Falle

Biete man Männern eine Beförderung an, fragten Sie, ›Wie viel bringt mir das?‹, biete man Frauen die Beförderung an, fragten Sie, ›Bin ich denn qualifiziert genug?‹ – resümierte ein Vorstandsvorsitzender kürzlich seine Personalerfahrung. Und wer sich selbst weniger zutraut, erschwert anderen das Vertrauen in die eigenen Fähigkeiten. Werner M., Verlags-Programmleiter, meint im Rückblick: »Ich habe mir bestimmte Jobs immer schlicht zugetraut. Es gab zwei Situationen zu Beginn meiner Karriere, in der der Verleger mich fragte: ›Wollen Sie das machen?‹ Er hat mir später erzählt, es habe ihm gefallen, dass ich beide Male ohne groß zu zögern ›Jawoll‹ gesagt habe.« Auch die These, dass viele Männer eher dazu neigen, sich zu überschätzen, während Frauen ihre Fähigkeiten unterschätzen, erhärtet er: »Im Nachhinein war ich aber in meiner ersten Aufgabe als Verkaufsleiter anfangs noch überfordert, und es war zu früh. Heute wäre ich da möglicherweise abwägender.«

Weibliche Bescheidenheit kann Karrieren auf vielfältige Weise ausbremsen:

• durch Zweifel an den eigenen Fähigkeiten,
• durch das Stecken niedrigerer Ziele,
• durch das Herunterspielen eigener Leistungen,
• durch Verzicht auf kluges Selbstmarketing.

Zum Marketing in eigener Sache gehört, dass Sie Ihre eigene Leistung und Kompetenz deutlich herausstellen. Sorgen Sie dafür, dass Ihre Erfolge bemerkt werden, indem Sie sie an passender Stelle thematisieren. Das kann das Jahresgespräch mit Ihrem Vorgesetzten sein, das kann aber auch das nächste Leitungsmeeting sein. Dafür sollten Sie Zahlen und Daten parat haben – Umsatzsteigerungen, Marktanteile, Fluktuationsraten …

Zum Selbstmarketing gehört außerdem, dass Sie die Statussymbole, die Ihnen qua ›Rang‹ zustehen, ganz selbstverständlich für sich reklamieren. Dr. Monika S.: »Im Prinzip sind mir Statussymbole wie Dienstwagen oder großes Büro ziemlich egal. Trotzdem muss man sich einfach ein paar Statussymbole angewöhnen, weil die Spielregeln nun einmal so sind. Im Marketing hatte ich zum Beispiel das Glück, dass ich ziemlich schnell sehr lange Reisen gemacht habe, Nordamerika, Brasilien, Australien. So etwas zählt natürlich. Auch ein vernünftiges Büro ist wichtig, möglichst auf der richtigen Etage, das umgibt einen gleich mit dem entsprechenden Nimbus.«

Ihr Anspruch auf Einfluss und Ihr Standort in der Unternehmenshierarchie müssen nach außen dokumentiert werden. Oder wollen Sie sich durch bescheidenen Verzicht auf den großen Dienstwagen Ihrer Leitungskollegen nach außen als Führungskraft zweiter Klasse präsentieren?

Gegenstrategien zu weiblichen Selbstzweifeln: Machen Sie eine Liste Ihrer bisherigen Leistungen und Erfolge, die Sie in schwachen Stunden noch einmal sorgfältig studieren. All das haben Sie bewältigt, warum sollte der nächste Schritt nicht glücken? Führen Sie im Joballtag ein Erfolgstagebuch – das ist nicht nur nützlich für die nächste Gehaltsverhandlung, sondern auch gut fürs Selbstbewusstsein.

Die Perfektionismus-Falle

»Ich wundere mich manchmal, wie viel Versäumnisse – nicht eingehaltene Termine, überzogene Projektbudgets – bei Männern toleriert werden. Ich weiß nicht, ob das bei mir genauso wäre. Ich habe das Gefühl, bei mir wird erwartet, dass immer alles klappt. Und meistens klappt es ja auch. Wie stark man sich diesen Druck selber macht, ist schwer zu sagen. Ich trainiere im Moment, zu sagen: ›Dies oder jenes habe ich nicht geschafft‹, denn wenn immer alles klappt, wird die Schraube natürlich immer weiter angezogen.«

Dr. Monika S. umreißt das Grunddilemma vieler Führungsfrauen: Sie wollen perfekt sein. Müssen sie das, weil Frauen in Führungspositionen kritischer beäugt werden? Oder legen sie selbst die Messlaute für sich so hoch und schüren damit erst entsprechende Erwartungen? Sicher ist, dass eine perfekte Abteilungsorganisation und optimale Vorbereitung ungeheuer viel Kraft und Zeit kosten – Zeit, die Männer häufig für das Knüpfen nützlicher Verbindungen und das Schmieden von Allianzen einsetzen und so ihren Arbeitserfolg auf andere Weise absichern (siehe nächster Abschnitt). Überdies wird ›perfektes Funktionieren‹ nicht unbedingt als besondere Führungsstärke honoriert. So hat Programmleiter Werner M. beobachtet, dass Frauen »Anordnungen sehr penibel und eher weniger kreativ weiterdenkend« umsetzen, und Bankenvorstand Thomas B. wünscht sich von den Frauen mehr »Souveränität« und »einfach das Bewusstsein, gut zu sein, und aus diesem Bewusstsein heraus auch einmal fünf gerade sein zu lassen.« Ein schönes Dilemma: Leistet frau sich Fehler, ›packt sie es nicht‹, will sie perfekt sein, fehlt die ›Souveränität‹.

Was können Sie tun? Angriffsflächen zu bieten ist zweifellos gefährlich. Allerdings sollten Sie darüber nachdenken,

- welche Standards von Ihren Leitungskollegen gesetzt werden:
  Liegt Ihre Messlatte nicht doch zu hoch?
- wo sich Perfektionismus tatsächlich lohnt:
  Bei der strategischen Vorbereitung eines Geschäftsführungs-Meetings sicherlich – aber auch bei der pingeligen Kontrolle der Formatierung der Sitzungsvorlage?
- wie stark Ihr Beweisdruck tatsächlich (noch) ist:
  In der Einstiegsphase sicherlich hoch – aber müssen Sie auch danach täglich beweisen, dass Sie keine Fehler machen?

Dosieren Sie Ihre Kraft, setzten Sie sie dort ein, wo es um zentrale Inhalte und Außenwirkung geht. Probieren Sie auf ungefährlichem Terrain einmal aus, was passiert, wenn nicht alles perfekt ist oder ein Termin platzt (wahrscheinlich viel weniger, als Sie befürchten). Und seien Sie sich bewusst: Wenn Sie immer brav funktionieren, riskieren Sie zweierlei – zum einen, dass man Ihnen mangelndes ›Standing‹ ankreidet, zum anderen, dass sich die Liste Ihrer Projekte endlos verlängert.

Die Einzelkämpferinnen-Falle

Ein funktionierendes Netzwerk ist ein wichtiger Karrierefaktor und kann den Arbeitsalltag enorm erleichtern – eine Erkenntnis, die Frauen oft vernachlässigen, befürchtet Paula S.: »Wenn wir arbeiten, arbeiten wir hundertprozentig, und es soll der Sache dienen. Kontaktpflege findet, wenn überhaupt, eher gehetzt statt. Männer begreifen die Kontaktpflege dagegen als Teil der Arbeit. Vielleicht machen wir Frauen da etwas falsch.« Mancher Arbeitserfolg verdankt sich eher dem geschickten Knüpfen von Fäden vor dem entscheidenden Meeting als der perfekt vorbereiteten Sitzungsvorlage. »Wichtig für jede Führungsperson ist, dass man sich ein Netzwerk von

Kontakten im Betrieb schafft, und das kann angesichts der aktuellen Situation nicht nur aus Frauen bestehen«, rät auch Dr. Monika S. Betrachten Sie die firmeninterne Kontaktpflege deshalb als natürlichen Bestandteil Ihrer Arbeit und beherzigen Sie die Netzwerk-Tipps im vorigen Kapitel.

Profitieren können Sie außerdem vom Beitritt zu einem institutionalisierten Frauennetzwerk: »Wenn man als einziges weibliches Wesen fast nur mit Männern zu tun hat, ist es sehr schwierig, für sich Orientierungspunkte zu finden. (…) Manches Mal habe ich gedacht: ›Hast du jetzt ein Problem oder haben die ein Problem?‹ Dieses Gefühl – wo stehst du?, wo gehörst du hin? – da wäre ein Netzwerk sehr hilfreich gewesen, zur emotionalen Unterstützung, aber auch, um sich mit anderen Frauen darüber auszutauschen, wie man bestimmte Dinge angeht und was man lieber nicht tun sollte.« (Dr. Monika S.). Infrage kommen beispielsweise

- die Vereinigung für Frauen im Management e.V. (www.fim.de),
- das European Women's Management Development International Network (www.ewmd.org),
- berufsgruppenbezogene Netzwerke (Beispiele: Bücherfrauen/ www.buecherfrauen.de, Journalistinnenbund/ www.journalistinnen.de).

Auf der Homepage des Deutschen Frauenrates können Sie sich einen umfassenden Überblick verschaffen (www.deutscher-frauenrat.de).

Eine weitere Möglichkeit, dem belastenden Status als Einzelkämpferin zu entgehen, besteht in der Zusammenarbeit mit einem Mentor oder Coach. Mentoren oder Mentorinnen sind berufserfahrene Führungskräfte, die durch regelmäßigen Austausch Führungsneulingen beratend zur Seite stehen – entweder firmenintern (dann aus einer anderen Abteilung, um Interessenkonflikte zu vermeiden) oder firmenextern. Große Unternehmen wie die Lufthansa oder die Telekom haben mittlerweile entsprechende »Cross-Mentoring«-Programme installiert, die arrivierte Kräfte der einen Firma mit Nachwuchskräften der anderen zusammenbringen.[49] Ein Coach schließlich ist ein professioneller Berater, der in regelmäßigen Treffen gemeinsam mit Ihnen Lösungsansätze zu beruflichen Fragestellungen erarbeitet. Wichtig ist ein einschlägiger betrieblicher Background sowie psychologisches Handwerkszeug. Einen guten Coach finden Sie am ehesten über Mundpropaganda; ansonsten sollten Sie die Tipps in der einschlägigen Literatur beherzigen, um sich ein Urteil zu bilden.[50]

Die Glasdecke

Die so genannte »gläserne Decke«, eine unsichtbare Schranke, die den weiteren Aufstieg von Frauen hemme, greift als pauschale Begründung für die geringe Zahl weiblicher Spitzenkräfte sicher zu kurz. Dennoch: Es gibt Sie auch heute noch – Unternehmen, in denen Sie als Frau nichts werden können. »Männern wurden Chancen eröffnet, die wären Frauen nicht eröffnet worden«, berichtete beispielsweise Programmleiter Werner M. über seinen ersten Arbeitgeber. Spätestens wenn Kollegen locker an Ihnen vorbeiziehen, während man Sie mit leeren Versprechungen abspeist, sollten Sie Ihr Heil in der Flucht suchen. Und bevor Sie sich für einen neuen Arbeitgeber entscheiden, sollten Sie einen kritischen Blick auf dessen Organigramm werfen.

Ganz entscheidend für Ihr Fortkommen im Unternehmen ist übrigens, wie ›frauenfreundlich‹ Ihr direkter Vorgesetzter ist – fällt er als Förderer aus, haben Sie schlechte Karten (siehe auch das Kapitel »Ihr Chef«).

Die Zicken-Falle

Ein alter Hut, der nicht aus der Mode kommt: Wo ein Mann »energisch« wird, gilt eine Frau schnell als »zickig«. Dabei spielt den Frauen schon die höhere Stimme einen Streich – statt lauter wird sie schrill. Das wirkt weder kompetent noch selbstbewusst, sondern macht es der Gegenseite einfach, sie in die »Hysterie«-Ecke zu stellen (im Klartext: nicht ganz ernst zu nehmen). Der Rat von Paula S.: »Mein persönlicher Stil ist, sehr viel mit Humor zu machen, mit Ironie, mit Sprüchen, in die ich durchaus ernste Botschaften verpacke. Das hilft vielleicht, das ›Zicken‹-Image zu mildern, wenn man entschieden auftritt. In jedem Fall habe ich alles vermieden, was in Richtung ›keifen‹ ging, also laut werden. Das kommt bei Frauen einfach schon aufgrund der Stimmlage nicht gut an. Dann lieber spitze Bemerkungen und unmissverständliche Blicke, die signalisieren: ›Bis hierher und nicht weiter. Überleg dir, was du tust, sonst wird es richtig peinlich für dich.‹«

Steigen Sie nicht auf jeden blöden Spruch, jede Provokation ein. Ein spöttisches Lächeln, ein cooler Konter wirken allemal souveräner. Rechnen Sie damit, dass man Sie gezielt verunsichern oder zu heftigen Reaktionen verleiten will.

Die Häschen-Falle

»Als Frau sollte man sich auf keinen Fall selber in die Blondinenrolle begeben. Das beobachte ich häufig – die Nummer: ›Hmm, ich weiß nicht ... Können Sie mir helfen????‹ Dazu Augenaufschlag und Wimpernklimpern. Das wirkt natürlich; dann kommen sofort alle Helden hervor, und jeder kann einem helfen. Aber aus der Rolle – ich bin so hilflos und so doof, bitte, bitte, hilf mir – kommt man kaum wieder raus. Dann ist es schwer, übermorgen zu sagen: ›Ich weiß genau, was ich will, und ich brauche ein Budget X für dieses Projekt.‹«, warnt Personalleiterin Paula S. Dem ist wohl nichts hinzuzufügen ...

Auch im Outfit vermeiden Sie besser allzu feminine Anklänge von der Rüschenbluse über Blümchenmuster bis zum kurzen Rock. Kleidung ist ein zentrales, nonverbales Signal, und wenn Sie sich in der Businesswelt behaupten wollen, signalisieren Sie durch klassisch-zurückhaltende Businessmode am ehesten Ihre Zugehörigkeit. Welcher Verhandlungspartner will sich schon vorwerfen lassen, er sei auf Ihre weiblichen Reize hereingefallen?

Zum Trost

Nach so vielen Warnungen abschließend ein Trost aus berufenem Munde: »Frauen in Führungspositionen haben sicher mit vielen Schwierigkeiten zu kämpfen, aber es gibt einen großen Vorteil: Man fällt noch auf. Ein Kollege etwa, der zeitgleich mit mir im Unternehmen angefangen hatte, lief die ersten Monate weitgehend unbeachtet durch die Gegend. Bei mir als Frau mit einem vergleichbaren Hochschulabschluss wurde viel stärker hingeguckt. Das ist auf der einen Seite natürlich eine Belastung, auf der anderen ist es aber auch eine Chance, wenn man weiterkommen will.« (Dr. Monika S., langjährige Marketingleiterin)

Fazit aus der Praxis

> Bescheidenheit ist eine Aufstiegsbremse: Stehen Sie zu Ihren Erfolgen! Statussymbole dokumentieren Ihre Position nach außen; verzichten Sie nicht darauf.

> Perfektionismus zahlt sich nicht immer aus: Überlegen Sie gut, wo exzellente Ergebnisse Ihnen wirklich nützen und wo eine 80-Prozent-Lösung ausreichen würde.

> Als Einzelkämpferin machen Sie sich das Leben unnötig schwer: Investieren Sie Zeit in ein firmeninternes Netzwerk, holen Sie sich Bestätigung und Rat im Austausch mit anderen Führungsfrauen. Auch ein(e) Mentor(in) oder ein Coach können Ihnen Rüstzeug für den Führungsalltag vermitteln.

> Gibt es in Ihrem Unternehmen eine gläserne Decke? Beobachten Sie, wer es in der Firma tatsächlich weiterbringt. Gehören Frauen nicht dazu, wechseln Sie rechtzeitig.

> Lassen Sie sich nicht in die »Zicken«- oder »Häschen«-Ecke drängen: Laut (»schrill«) zu werden oder ins hilflose Weibchenschema zu verfallen kratzt an Ihrer Kompetenz.

Wie Sie den Alltag managen

Arbeit ist ein Rauschgift, das wie ein Medikament aussieht.
TENNESSEE WILLIAMS

Damit der Job Sie nicht auffrisst: Wie halten Sie die Balance?

Eine Frage der Disziplin

»Ich glaube, es ist ganz wichtig, sich nicht zum Sklaven seines Betriebes zu machen, trotz der Bedeutung der Aufgabe, die man hat. Das ist auch eine Frage der Disziplin. Denn wenn man nicht irgendwo die Möglichkeit hat, seinen Akku wieder aufzuladen mit ganz anderen Dingen, dann geht man wirklich kaputt«, unterstreicht Thomas B., Vorstandsmitglied einer größeren Kreditgenossenschaft.

Die Warnung ist berechtigt, denn die Arbeitstage von Führungskräften sind lang. »Mein Arbeitstag dauert im Schnitt etwa neun bis zehn Stunden, und dann kommt es häufig vor, dass ich abends noch mal zu Hause arbeite«, berichtet Programmleiter Werner M. Bei Kreativdirektor Klaus Schwope ist es ähnlich: »In der Regel geht es bei mir um 9:00 Uhr los, und ich gehe etwa zwischen 19:00 und 20:00 Uhr nach Hause.« Je höher man auf der Karriereleiter steigt, desto kräftezehrender wird der Job. Bei einer Befragung im Mittelmanagement gaben rund ein Fünftel der Angehörigen der ersten Führungsebene an, über 60 Stunden in der Woche zu arbeiten; in der Ebene darunter waren es nur 14 Prozent (bei den Männern) bzw. 2 Prozent (bei den Frauen).[51] Das geht nicht selten auf Kosten der Gesundheit: Nach einer Studie des IAS-Institutes für Sozialhygiene leiden erschreckende 75 Prozent aller Führungskräfte an Fettstoffwechselstörungen und fast ebenso viele (73 Prozent) an Wirbelsäulen- und Gelenkbeschwerden.[52] Und die hohe Arbeitsbelastung geht notwendigerweise auf Kosten anderer Lebensbereiche – Familie, Freunde, Hobbys.

Als Allheilmittel gegen den wachsenden Arbeitsdruck galt jahrzehntelang ein kluges »Zeitmanagement«. Und sicherlich können die propagierten Techniken helfen, die eigene Effizienz zu steigern (vgl. den nächsten Abschnitt). Allerdings hat auch der bestorganisierte Managertag nur 24 Stunden. Nachdenklich stimmt auch, dass inzwischen selbst »Deutschlands tonangebender Zeitmanagement-Experte«[53], Lothar J. Seiwert, auf Distanz zum Machbarkeitsoptimimus früherer Jahre geht. Angesichts immer höherer beruflicher Anforderungen und zahlreicher privater wie gesellschaftlicher Verpflichtungen, so sein Fazit, helfe »selbst das beste Zeit- und Selbstmanagement oft nicht mehr weiter«.[54] Seiwerts Credo heute: Jeder Einzelne müsse nach einer individuellen »Lebensbalance« streben, sich über seine Ziele für die vier zentralen Lebensbereiche – Arbeit, Gesundheit, Familie/Kontakte, Sinn/Kultur – klar werden und bewusst Prioritäten setzen. Abstriche in einzelnen Bereichen seien zeitweise unvermeidbar (etwa, wenn beim Antritt eines neuen Jobs der Beruf die anderen Lebensfelder völlig dominiere), wenn das Leben dauerhaft aus der Balance gerate, drohten jedoch Burn-out und Sinnkrise.

Die zentrale Botschaft lautet daher: Wenn Sie verhindern wollen, dass Ihr Job Sie über kurz oder lang völlig auffrist, müssen Sie selbst das Heft in die Hand nehmen. Im Führungsalltag bedeutet das einerseits, klug delegieren zu können und gut organisiert zu arbeiten; es bedeutet aber vor allem, aktiv und immer wieder Grenzen zu setzen. Als einen seiner Arbeitsgrundsätze nennt etwa Bankenvorstand Thomas B.: »Ich schließe das Büro hier irgendwann zu. Das kann auch Freitagabend um 22:00 Uhr sein – aber ich habe kaum jemals etwas zu arbeiten mit ins Wochenende oder in den Urlaub genommen. Und dann denke ich erst wieder an die Bank, wenn ich am Montagmorgen auf dem Weg zur Arbeit bin.« Für Programmleiter Werner M. ist die Balance Familie – Job entscheidend: »Ich versuche nach Möglichkeit, abends für meine Kinder sichtbar zu sein – dass wir gemeinsam essen – und dann später noch einmal an den Schreibtisch zu gehen. Die Wochenenden versuche ich mir freizuhalten – ich mache das mit einer gewissen Brachialgewalt. Ich arbeite ab und zu sonntags abends, drei, vier Stunden ab etwa 20:00 Uhr. Am Sonntagabend bin ich eh schon wieder etwas angespannt, da tut es dann am wenigsten weh zu arbeiten.«

Rechnen Sie damit, dass Sie als ambitionierte Führungskraft eigentlich immer ›dringend‹ etwas tun müssten – wenn nicht das aktuelle Tagesgeschäft drückt, gibt es mit Sicherheit irgendwelche mittelfristigen oder konzeptionellen Aufgaben zu erledigen. Und im unwahrscheinlichen Fall, dass da nichts ansteht, sollten Sie ›eigentlich‹ einmal wieder aktuelle Fachliteratur, sich stapelnde Protokolle oder andere Unterlagen lesen. Geben Sie diesem Druck unreflektiert nach, dann enden Sie als Hamster im Laufrad.

Planen Sie Auszeiten und private Aktivitäten daher genauso bewusst wie Arbeitsinhalte. Was ist Ihnen neben dem Job wichtig – welche regelmäßigen

Aktivitäten mit Ihren Kindern, welches Hobby, welche Freunde, welcher Verein, welche Weiterbildung? Wo können, wo möchten Sie Abstriche machen, wo nicht?

Lernen Sie Grenzen zu setzen und Nein zu sagen. Muss das neue Lieblingsprojekt Ihres Vorgesetzten tatsächlich sofort angegangen werden? Mit einer realistischen Zeitplanung tun Sie ihm und sich im Zweifelsfall den größeren Gefallen, als wenn Sie atemlos hinter kaum einlösbaren Vorgaben herhecheln. Pauschalabwehr (»Keine Zeit, bin völlig überlastet«) kommt dabei naturgemäß schlecht an; geschickter ist der Hinweis, dass Sie einer solch wichtigen Frage genügend Sorgfalt angedeihen lassen wollen – oder das Angebot, ein anderes Projekt dann erst einmal zurückzustellen.

Verabschieden Sie sich vom Perfektionismus: »Man kann ja jede Aufgabe hundertprozentig erfüllen oder nur so eben. Manches erledigt sich durchs bloße Liegenlassen – da bekommt man Anfragen, und es mahnt nie jemand«, meint Marketingleiter und Ex-Geschäftsführer Dr. Jürgen Lürssen und präzisiert: »Wesentlich sind die Sachen, die mich persönlich weiterbringen. Bringt es mich weiter, wenn ich jetzt diesen Artikel in der Fachzeitschrift lese? Bringt es mich weiter, wenn ich dieses E-Mail beantworte? Bringt es mich weiter, wenn ich diesen Bericht pünktlich abgebe?«

Und schließlich: Begraben Sie die Illusion, durch ›momentan‹ erhöhte Anstrengung und Mehrarbeit mittelfristig die Arbeit auf ein Normalmaß zu reduzieren. Das gleicht dem Versuch, einen Sandhaufen per Fingerhut von unten abzutragen – es läuft mit Sicherheit immer etwas nach. Zu Ihren Führungsaufgaben gehört nicht nur, Ihre Abteilung souverän zu managen; auch die kluge Führung der eigenen Person fällt in Ihr Ressort. Das bedeutet, die eigenen Möglichkeiten kritisch zu reflektieren und den jeweiligen Aufgabenzuschnitt nicht ungeprüft hinzunehmen. »Ich habe (…) mehrfach in meiner Laufbahn auch ein Stück Verantwortung zurückgegeben oder signalisiert ›Ich will das nicht komplett‹«, berichtet etwa Programmleiter Werner M. »Hier im Verlag war das nach etwa einem drei viertel Jahr der Fall, dass ich dem Verleger gesagt habe, ›Wenn ich die Aufgabe hier in der Qualität, wie Sie es möchten, ausfüllen soll, dann geht das nur, wenn ich zwei Teilbereiche abgebe. Ich kann das auch komplett machen, aber dann ist es nicht das, was ich mir auf Dauer vorstelle.‹«

Lässt die Unternehmenskultur, in der Sie sich bewegen, einen solchen Vorstoß nicht zu, sind vielleicht Alternativlösungen denkbar: Outsourcing bestimmter Bereiche, Übertragung an einen (gezielt dafür fortgebildeten) Mitarbeiter, Neuorganisation oder Reduktion von Aufgaben. In jedem Fall sind Sie selbst gefragt, wenn es darum geht, Ihr (Arbeits-)Leben erträglich zu gestalten. Grundvoraussetzung dafür: die Beherrschung elementarer Techniken des Zeitmanagements.

Fazit aus der Praxis

> Um Ihr Leben in der Balance zu halten, müssen Sie selbst der Arbeit Grenzen setzen. Sonst laufen Sie Gefahr, als Führungskraft rund um die Uhr im Einsatz zu sein.

> Die neuerdings viel beschworene »Work-Life-Balance« erreichen Sie am ehesten durch diszipliniertes Einplanen alternativer Aktivitäten und privater Bereiche, durch Übung im Nein-Sagen, durch Abschied vom Perfektionismus und von der Illusion, sich durch aktuelle Mehrarbeit ›irgendwann‹ mehr Freiräume zu schaffen.

Persönliches Zeitmanagement

Arbeitsorganisation ist eine sehr individuelle Angelegenheit – längst nicht jeder, der einen imposanten Timer mit sich führt, ist so gut organisiert, wie er gern glauben machen will. Ratschläge, mit welchem System Sie arbeiten sollten, ob Sie Ihren Kalender elektronisch oder von Hand führen oder wie Sie die Wiedervorlage oder Ablage von Vorgängen handhaben (oder durch Ihre Sekretärin handhaben lassen), verbieten sich damit. Entscheidend ist, dass es ein System gibt und dass dieses System für Sie funktioniert. Wenn Sie einen Teil Ihrer Zeit mit Suchen verbringen oder wenn Ihnen öfter einmal Termine durchrutschen, ist das ein untrügliches Signal, Ihr jetziges Verfahren zu überdenken.

Als kleines Einmaleins der Arbeitseffizienz haben sich daneben folgende Kernstrategien bewährt:

1. Ziele formulieren und entsprechend planen
Was muss bis wann erreicht sein? Halten Sie wichtige Wochen-, Monats- und Jahresziele schriftlich fest und zerlegen Sie sie in Abhängigkeit vom Aufwand in Teiletappen. Wie detailliert Sie planen, ist eine Typfrage. Viele Menschen machen gute Erfahrungen damit, mit einer Liste der Aufgaben in den Tag zu starten, die unbedingt erledigt werden sollten, sowie regelmäßig (etwa einmal pro Woche) die mittelfristige Planung zu aktualisieren.

2. Störungsfreie Zeiten sichern
Immer wieder aus einer Aufgabe herausgerissen zu werden verlängert den

nötigen Zeitaufwand beträchtlich. Natürlich müssen Sie für Ihre Mitarbeiter ansprechbar sein – außer in Katastrophenfällen aber nicht jederzeit und sofort. Probieren Sie aus, womit Ihr Team und Sie am besten leben können: Eine tägliche kurze Abteilungsbesprechung zur Klärung anstehender Fragen? Das beliebte System »offene Tür > bin ansprechbar; Tür zu > bitte nicht stören«? Eine feste Zeit am Nachmittag, in der man auf Sie zukommen kann?

3. Persönliche »Hoch-Zeiten« nutzen
Legen Sie anspruchsvolle Aufgaben oder schwierige Gespräche möglichst in Ihre persönliche Hoch-Zeit, als Morgenmensch also in den Vormittag, als Nachtmensch eher in die frühen Abendstunden. Im Umkehrschluss heißt das auch: Brechen Sie ab, wenn Sie feststellen, dass Sie bei einer Aufgabe im Moment nicht weiterkommen. Machen Sie lieber die fälligen Spesenabrechnungen, wenn Sie sich nach einem anstrengenden Tag nicht mehr konzentrieren können, statt auf Biegen und Brechen mit der Jahresplanung zu beginnen.

4. Gleichartige Aufgaben bündeln
Unnötiges Hin- und Herspringen zwischen verschiedenen Aufgaben mindert die Effizienz. Führen Sie anstehende Telefonate möglichst en bloc, diktieren Sie Ihre Korrespondenz am Stück, erledigen Sie die lästigen Reisekostenabrechnungen auf einen Schlag.

5. Vorgänge nur einmal in die Hand nehmen
Gewöhnen Sie es sich ab, Dinge anzulesen (oder anzudenken) und dann erst einmal beiseite zu schieben, um später noch einmal von vorn zu beginnen. Das kostet unnötig Zeit.

6. Prioritäten setzen
Statt unreflektiert Feuerwehr zu spielen, sollten Sie bewusst Prioritäten setzen. Bewährt hat sich in diesem Zusammenhang die so genannte ABC-Analyse, die Aufgaben nach Ihrer Dringlichkeit und Wichtigkeit sortiert:

	dringlich	nicht dringlich
wichtig	**A-Aufgaben** sofort erledigen	**B-Aufgaben** terminieren
nicht wichtig	**C-Aufgaben** delegieren	**D-Aufgaben** Papierkorb

Marketingleiter und Ex-Geschäftsführer Dr. Jürgen Lürssen betont die Nützlichkeit dieses Instrumentes: »In Sachen Selbstmanagement kann ich nur sagen: Konzentration auf das Wesentliche. Viel Zeit verplempern wir damit, dass wir dringliche Aufgaben erledigen, die aber nicht wichtig sind.«

7. Die 80/20-Regel beherzigen (Pareto-Prinzip)

Die Faustregel, nach der 20 Prozent der aufgewendeten Zeit 80 Prozent der Arbeitsergebnisse bringen, während die restlichen 80 Prozent Aufwand lediglich einen Mehrwert von 20 Prozent bringen, stammt von dem italienischen Volkswirt Vilfredo Pareto. Denken Sie etwa daran, wie viel Zeit es in der Regel kostet, einem im Grunde stehenden Konzept »nur noch« den letzten Schliff zu geben. Das Pareto-Prinzip schärft den Blick für Aufwand und Nutzen und sollte Sie vor übertriebenem Perfektionismus bewahren.

8. Konsequent ›entrümpeln‹

Für Managementpapst Fredmund Malik ist »systematische Müllabfuhr« ein wichtiges Werkzeug »wirksamer« Führung. Haben sich bestimmte Verfahren, Sitzungen, Berichte, Formulare im Firmenalltag erst einmal eingebürgert, werden sie oft nicht mehr auf ihren Nutzen hinterfragt. Malik empfiehlt daher, sich mindestens einmal pro Jahr die Frage zu stellen: »Was von all dem, was wir heute tun, würden wir nicht mehr neu beginnen, wenn wir es nicht schon täten?«[55] Stellen Sie diese Frage auch Ihren Mitarbeitern und reservieren Sie jährlich mindestens einen Tag für eine Entrümpelungsaktion, so Maliks Rat.

9. Zeitfresser und Zeitdiebe identifizieren

Wo lauern Ihre persönlichen Zeitdiebe? Erledigen Sie Aufgaben selbst, die Sie eigentlich auch einem Mitarbeiter übertragen könnten? Ziehen sich Abteilungsbesprechungen allen guten Vorsätzen zum Trotz endlos hin? Klappt die Abstimmung mit Ihrer Sekretärin nicht reibunglos? Ein Zeitprotokoll über einige Tage kann helfen, Schwachstellen zu lokalisieren und Gegenmaßnahmen zu ergreifen. Notieren Sie dazu detailliert, wie viel Zeit für welche Tätigkeiten draufgeht. »Etwa alle zwei, drei Monate mache ich mir dann eine Liste der Dinge, mit denen ich den Tag verbracht habe. Die schaue ich mir dann zwei, drei Tage später unvoreingenommen an und gucke beispielsweise, wo die Zeitfresser sind. Darüber kann ich mein Arbeitspensum ganz gut regulieren. Leicht von der Hand geht mir das nicht; das ist immer wieder ein Kampf«, berichtet etwa Frank Spandl, Vorstandsmitglied der Homola AYH Projektmanagement AG.

10. Keine Planeritis

Machen Sie nicht den Fehler, Ihren ganzen Arbeitstag minutiös zu verplanen. Experten raten, sich auf 60 Prozent der zur Verfügung stehenden Zeit zu beschränken. Der Rest geht erfahrungsgemäß für Unvorhergesehenes drauf.

Rechnen Sie nicht damit, Ihren neuen Job binnen weniger Wochen im Griff zu haben: »Eine Erfahrung, die man beim Einstieg in einen Führungsjob macht, ist, dass sich das Zeitmanagement drastisch ändern muss. Die ersten Jahre im Beruf konnte ich mich auf der fachlichen Seite austoben, mich auf meine inhaltlichen Aufgaben konzentrieren. In der neuen Position kommt dann plötzlich die Gruppenführungsaufgabe dazu, die ein Mehr an Zeit kostet. Das war in der ersten Phase sehr, sehr anstrengend. Zeitweise war auch das Gefühl von Überlastung, von sich Übernehmen da – auch weil man erst einmal lernen muss: Wie gewichte ich jetzt was? Wie viel Zeit darf dies oder jenes kosten? Wie viel kann ich mich darum kümmern, was in der Gruppe passiert? Neben der Mitarbeiterführung waren eben noch Projekte zu bewältigen und der Kontakt zum Kunden zu halten – also plötzlich drei Aufgaben statt einer«, berichtet Klaus Schwope, Creative Director. Und stellen Sie sich darauf ein, dass die persönliche Arbeitsorganisation kein endlicher Prozess ist, sondern ständige Herausforderung bleibt. Frank Spandl: »Das ist ein zentrales Thema: dass ich mich jeden Tag freischaufeln muss von den vielen Dingen, die auf mich einstürmen, damit ich auch wieder zum Denken komme. In der Praxis vollzieht sich das in Wellenbewegungen: Es gibt Phasen, in denen immer mehr auf mich einströmt, und dann entsteht der nötige Leidensdruck, Dinge abgeben zu wollen, meinen Schreibtisch abends leer zu verlassen, damit ich am nächsten Morgen anfangen kann, neu zu denken. Und dann schaffe ich das eine gewisse Zeit lang, bis sich der Aufgabendruck wieder steigert. Immer wieder innezuhalten und nachzudenken – was mache ich hier eigentlich, und womit verbringe ich meine Zeit – ist ganz wichtig.«

Fazit aus der Praxis

> Grundtechniken des Zeitmanagements helfen Ihnen, Ihre Effizienz zu steigern: Zielplanung, ABC-Analyse, Pareto-Prinzip, Bündelung gleichartiger Aufgaben und konsequente Abarbeitung, Schaffen störungsfreier Zeiten und Nutzung persönlicher Hoch-Zeiten, Identifikation persönlicher »Zeitfresser«, Entrümpelung überflüssiger Arbeitsgänge.

> Zeitmanagement ist keine endliche Aufgabe, sondern kontinuier-
liche Herausforderung. Treten Sie einen Schritt zurück, wenn der
Arbeitsdruck zu hoch wird, und ziehen Sie Bilanz: Womit verbringen Sie Ihre Zeit? Was können Sie ändern?

Umgang mit Stress

Stress ist ein ambivalentes Phänomen: Solange eine (durchaus schwierige)
Situation positiv als Herausforderung erlebt wird, sprechen die Psychologen vom »Eustress«, der beflügelt und anspornt. Wird die gleiche Situation
als Belastung erfahren, kommt es zu negativem »Distress«, der auf die Dauer körperlich wie seelisch krank macht. Herz-Kreislauf-Erkrankungen, Ma-
gengeschwüre, Schlafstörungen, Depressionen sind typische Folgeerschei-
nungen. Am Ende droht ein Burn-out als physischer und psychischer
Erschöpfungszustand, der mit Versagensgefühlen, Zynismus oder Abge-
stumpftheit und innerer Kündigung einhergeht. Anfällig für das Burn-out-
Syndrom sind gerade besonders engagierte und ehrgeizige Menschen. Es
überrascht daher nicht, dass auch für Führungskräfte erhöhte Burn-out-Ge-
fahr besteht. Wie beugen Sie dem am besten vor?

Abschalten können, Distanz gewinnen, lautet die übereinstimmende
Antwort der befragten Führungskräfte. Stellvertretend Klaus Schwope,
Creative Director: »Man braucht einen Ausgleich für den beruflichen Stress.
Ich habe diesen glücklicherweise vor einem Jahr für mich gefunden: Ich lau-
fe, oft auch morgens vor der Arbeit, inzwischen viermal pro Woche jeweils
bis zu zehn Kilometer. Das gibt mir die Möglichkeit, Abstand zu gewinnen,
Dinge auch noch einmal zu reflektieren. Außerdem gehe ich dann mit dem
Gefühl ins Büro, heute schon etwas für mich getan zu haben, und das macht
mich ein Stück weit zufriedener, aber auch unangreifbarer.«

Dass bei körperlicher Bewegung Stresshormone abgebaut werden,
Sport mithin eine der besten Methoden ist, den Kopf wieder freizube-
kommen, ist unbestritten. Auch wenn Sie es bisher mit Churchill und
dessen eiserner Devise »No sports!« gehalten haben, sollten Sie daher
überlegen, ob bei der großen Palette möglicher Sportarten nicht auch für
Sie das Passende dabei ist. Auch das Erlernen von Entspannungstechni-
ken (Autogenes Training, Yoga) kann helfen. Entscheidend ist in jedem
Fall, sich Rückzugsgebiete zu erhalten, in denen Sie berufliche Zwänge
zeitweise vergessen. Und dafür ist es letztlich gleichgültig, ob Sie musizie-
ren, gärtnern oder malen.

Sich völlig dem beruflichen Stress auszuliefern, ein »Leben für den Job« zu führen ist aus zwei Gründen gefährlich:

1. Ehe Sie sich versehen, geraten Sie in einen Teufelskreis, in dem auf hohe Arbeitsbelastung körperliche Erschöpfung und geringere Effektivität folgen, die Sie wiederum mit vermehrter Anstrengung auszugleichen suchen. Mit chronischen Rückenschmerzen oder ständigem Schlafdefizit ist niemand besonders kreativ.

2. Sie werden umso abhängiger vom beruflichen Erfolg, je stärker Sie andere Lebensbereiche vernachlässigen. In einer Zeit, in der durch wirtschaftliche Krisen, Umstrukturierungen oder Fusionen auch Ihr Job morgen schon zur Disposition stehen kann, ist das eine gefährliche Haltung. Wer oder was wird Sie auffangen, wenn Sie sich plötzlich mit einem Aufhebungsvertrag vor dem Firmentor wiederfinden?

Bei allem Engagement immer wieder Distanz gewinnen ist daher ratsam. Wie man das schafft, wenn es gerade einmal wieder besonders hoch hergeht oder sich der Ärger staut, dafür gibt es kein Patentrezept. Personalleiterin Paula S. hat ihre eigene Methode:

»Außerdem habe ich es mir zur Maxime gemacht, früh nach Hause zu gehen, wenn ich einmal richtig die Schnauze voll habe – weil nichts vorangeht, weil einem jemand Knüppel zwischen die Beine wirft oder weil eine Entscheidung nicht getroffen wird und man selbst nicht die Macht hat, etwas zu entscheiden. Dann ›kündige ich fristlos‹ – bis morgen, und gehe schon mal um fünf, während ich an anderen Tagen bis elf Uhr abends arbeite. Dann will ich nur noch raus. Das sage ich übrigens auch meinen Mitarbeitern: Wer an einem Tag richtig die Nase voll hat, geht bitte nach Hause – auch wenn das morgens um elf Uhr ist.«

Vielleicht hilft es Ihnen persönlich auch, in Krisensituationen tief durchzuatmen und sich folgende Fragen zu stellen:

- Was könnte im allerschlimmsten Fall aus dieser Situation resultieren? Ängste konkret zu machen, mindert ihren Schrecken. Außerdem sind die denkbaren Folgen oft weniger drastisch als in der ersten Panik angenommen.

- Wie werden Sie in einigen Jahren über diese »Katastrophe« denken? Vermutlich können Sie über etliche Schläge in der Vergangenheit inzwischen grinsen. Warum sollte ausgerechnet dieses Mal die Welt untergehen?

- Und für all jene, die die Last der Gesamtverantwortung schier erdrückt: Was würde wohl geschehen, wenn Sie ab übermorgen nicht mehr in der Firma wären? Sind Sie tatsächlich so unersetzlich, wie Sie glauben? Vergegenwärtigen Sie sich, wie schnell der letzte Kollege, der das Haus verließ, nach seiner Kündigung vergessen war.

Fazit aus der Praxis

> Stressbewältigung bedeutet abschalten können und Distanz gewinnen. Am besten funktioniert dies durch Aktivitäten, bei denen Sie den Kopf wieder freibekommen. Sport ist ein bewährtes Mittel für den Stressabbau; als Ausgleich eignet sich aber prinzipiell jedes Hobby, bei dem Sie den Job vergessen.

Richtig delegieren

Delegationsbremsen

»Ich arbeite nach dem Prinzip, dass man niemals etwas tun soll, was ein anderer für einen erledigen kann«, soll John D. Rockefeller gesagt haben. Er war mit dieser Maxime bekanntlich recht erfolgreich. Die meisten Führungskräfte tun sich da schwerer – leicht fällt das Delegieren erklärtermaßen keinem der Interviewpartner. Frank Spandl, Vorstand der Homola AYH Projektmanagement AG gibt ein Beispiel: »Wenn ich jetzt im Bereich Marketing mit Kollegen eine Broschüre erarbeite für eine neue Leistung, dann weiß ich, eigentlich könnte ich es ziemlich gut machen – ich kann mit dem Computer gut umgehen, ich habe ein gestalterisches Auge. Dann würde ich mich aber zwei, drei Tage mit nichts anderem beschäftigen, und das wäre kontraproduktiv für das Unternehmen. Aber der Gedanke bleibt: Dann wird es nicht so gut, wie ich es gemacht hätte. In Wahrheit wird es ›anders‹, aber dem Gefühl nach eben ›nicht so gut‹. Sich da zu disziplinieren, sich zu sagen, das geht jetzt aber nicht, ist ein Problem, mit dem ich immer kämpfe. Und alle anderen, die ich in Führungsverantwortung kenne, haben das gleiche Problem.«

Die hohe fachliche Kompetenz, der Sie Ihren Aufstieg in der Regel mit verdanken, erweist sich als Bumerang, wenn Sie im Gefühl der eigenen Überlegenheit an fachlichen Aufgaben kleben. Denn bezahlt werden Sie nicht mehr für die Lösung von Einzelproblemen, sondern dafür, Ihre gesamte Abteilung am Laufen zu halten. Eines geht zwingend auf Kosten des anderen: Je stärker Sie sich Sachfragen widmen, desto weniger Zeit bleibt für Planung und Organisation, für Gespräche mit Mitarbeitern und die Durchsetzung Ihrer Ziele auf der Unternehmensbühne. »Sacharbeit als Führungsfalle«, folgert Unternehmensberaterin Hedwig Kellner daher.[56]

Anders als viele Führungsaufgaben bringen Sachaufgaben schnelle, sichtbare Erfolge. Außerdem bewegen Sie sich hier auf vertrautem Terrain, während Sie in anderen, neuen Aufgabenbereichen mit Unwägbarkeiten und Risiken konfrontiert sind. Sich nicht von Einzelaufgaben trennen zu können ist oft eine typische Vermeidungsstrategie (ähnlich wie früher die drohende Examensvorbereitung ungeahnte Lust am Geschirrspülen oder Einkaufen weckte …). Möglicherweise hängen Sie auch an Lieblingsaufgaben, die Ihnen immer schon viel Spaß gemacht haben. So nachvollziehbar Fachverliebtheit ist – zum Rollenwechsel gehört, dass Sie sich davon verabschieden. Gehen Sie Ihren persönlichen Delegationsbremsen auf den Grund, und machen Sie sich klar, dass Sie nicht dafür bezahlt werden, der beste Sachbearbeiter Ihrer Abteilung zu sein.

Auch aus karrierestrategischen Überlegungen heraus sollten Sie Ihre Einstellung überdenken: Wer unersetzlich ist, kann nicht befördert werden. Wenn Sie es sich angewöhnen, in allen Projekten Feuerwehr zu spielen, ständig gehetzt wirken und Ihre Mitarbeiter zur Unselbstständigkeit erziehen, profilieren Sie sich kaum als Kandidat für die nächste Führungsebene.

Allein mit der Ratio kommt man dem Problem indes nicht bei. Delegieren bedeutet loslassen können – und damit geht notwendigerweise ein Kontrollverlust einher. Das gilt zumindest dann, wenn Sie ›richtig‹ delegieren, das heißt vor allem: auch anspruchsvollere Aufgaben abgeben und Ihre Mitarbeiter bei deren Ausführung nicht laufend gängeln, sondern sich auf eine Zielkontrolle beschränken (siehe den nächsten Abschnitt). Ohne ein grundsätzliches Vertrauen in die Fähigkeiten und in die Motivation Ihrer Leute werden Sie sich daher schwer tun. »Ich kann nichts abgeben, weil ich nicht die richtigen Leute habe«, ist entweder ein Zeichen des Misstrauens oder eine Bankrotterklärung in Sachen Personalauswahl. Bankenvorstand Thomas B. unterstreicht: »Ich darf mich als Führungskraft nicht operativ zumüllen lassen, sondern ich muss mir einen Apparat aufbauen, an den ich delegieren kann – und dann muss ich für mich selbst auch loslassen können. Ich muss die Überzeugung mitbringen, dass es andere Leute gibt, die dafür bezahlt werden, Dinge zu lösen. Und ich muss das Vertrauen mitbringen, dass andere Leute auch gute Arbeit leisten. Sonst laufen Sie in den Herzinfarkt. Je höher Sie kommen, desto weniger können Sie alles selber leisten. Wenn ich alle Probleme, die wir momentan haben, zu meinen machen würde, käme ich nicht einmal mehr zum Hemdenwechseln nach Hause.«

Wie gewinnt man Vertrauen? Auf der einen Seite spielen hier unweigerlich persönliche Dispositionen eine Rolle – je perfektionistischer und ängst-
licher Sie selbst sind, desto schwerer werden Sie sich damit tun. Und je stärker Sie sich unter Druck fühlen, desto größer wird Ihr Kontrollimpuls sein.
Gerade bei Übernahme einer neuen Position empfinden die meisten Menschen einen hohen Erfolgsdruck. Auf der anderen Seite gilt: Je besser Sie
Ihre Mitarbeiter kennen, desto sicherer werden Sie wissen, wem Sie was
übertragen können. Und je überlegter und eindeutiger Sie selbst delegieren,
desto eher werden Sie gute Ergebnisse zurückbekommen. Am besten halten
Sie Ihre Delegationsbremsen also mit guter Delegation im Zaum. Dazu
mehr im nächsten Abschnitt.

Fazit aus der Praxis

> Hohe Sachorientierung (»Fachverliebtheit«), mangelndes Vertrau-
  en in die Kompetenz der Mitarbeiter und Angst vor Kontrollverlust
  sind häufige Delegationsbremsen.
> Mangelnde Delegation geht auf Kosten Ihrer eigenlichen
  Führungsaufgaben: Als bester Sachbearbeiter Ihrer Abteilung
  bleibt Ihnen weniger Zeit für Planung, Organisation und Strate-
  gisches.
> Machen Sie sich klar: Sie werden nicht dafür bezahlt, alles selbst
  zu tun – man erwartet von Ihnen, dass Sie dafür sorgen, dass die
  Dinge getan werden. Schaffen Sie das nicht und hetzen ständig
  hinter Einzelaufgaben her, wird man Ihnen kaum den nächsten
  Karriereschritt zutrauen.

Was – an wen – wie delegieren?

»Delegieren ist kein Verteilen von Aufgaben, sondern die Vorgabe von Zielen, die erreicht werden müssen«, unterstreicht der britische Berater und
Trainer Gordon P. Rabey.[57] So simpel sich diese Definition anhört, sie hat es
in sich, denn sie setzt in der Praxis voraus,

• dass Sie als Führungskraft Ihren Planungsaufgaben gerecht werden und
  anstehende Aufgaben in Abstimmung mit Ihren Mitarbeitern auf präzise
  (Teil-)Ziele herunterbrechen;
• dass Sie nicht nur Routineaufgaben und Einzelvorgänge abgeben, sondern auch wirkliche Herausforderungen;

- dass Sie den »richtigen« Mitarbeiter für die jeweils anstehenden Aufgaben auswählen und
- dass Sie ihm alle erforderlichen Informationen, Ressourcen und Entscheidungskompetenzen übertragen, ihn bei der Ausführung der Aufgaben aber nicht gängeln, sondern machen lassen.

So verstanden ist Delegation nicht nur ein wichtiges Instrument Ihrer persönlichen Arbeitsorganisation, das Sie zugunsten Ihrer eigentlichen Führungsaufgaben entlastet, richtig verstandene Delegation ist gleichzeitig ein zentraler Motivationsfaktor. Schließlich rangieren persönlicher Gestaltungsfreiraum und eine anspruchsvolle Tätigkeit unter den Wünschen Beschäftigter an ihren Job weit vor Gehalt oder Sonderleistungen.

Was können Sie delegieren? Die Grenzen der Delegation liegen da, wo originäre Führungsaufgaben beginnen. Nicht delegierbar sind (Ziel-/Kritik-/Motivations-)Gespräche mit Mitarbeitern, die übergeordnete Planung und Kontrolle, strategische Entscheidungen, vertrauliche oder besonders heikle Angelegenheiten. Innerhalb dieser Grenzen sind jene Aufgaben delegierbar, für die sich ein eindeutiges Ziel bzw. Ergebnis definieren lässt und für deren Ausführung einer Ihrer Mitarbeiter die erforderliche Kompetenz besitzt (bzw. mit Ihrer Hilfestellung entwickeln kann).

Ein eindeutiges Ziel ist in zweierlei Hinsicht von zentraler Wichtigkeit: als Richtungsvorgabe für Ihren Mitarbeiter und als Kontrollinstrument für Sie selbst. Was im Ergebnis nicht kontrollierbar ist, lässt sich auch nicht vernünftig delegieren. Die Aufforderung: »Kümmern Sie sich mal um den neuen Kollegen«, lässt Ihren Mitarbeiter bestenfalls ratlos zurück; »Weisen Sie den neuen Kollegen bis Ende des Monats bitte in die EDV und in die Abläufe bei der Auftragsabwicklung ein«, macht die Angelegenheit für ihn wie für Sie handhabbar. Für den Mitarbeiter, weil er weiß, was erwartet wird und daher gezielte Maßnahmen ergreifen kann; für Sie, weil ein akzeptabler Kontrollmechanismus ihnen helfen wird, Ihr Unbehagen beim ›Loslassen müssen‹ – sprich: das im letzten Abschnitt angesprochene Vertrauensproblem – zu überwinden.

Hilfreich bei der Zielformulierung ist ein bekanntes Akronym aus der angelsächsischen Managementliteratur. Gute Ziele sind smart, heißt es dort. Das bedeutet im Einzelnen:

Gute Ziele sind …	**s** pezifisch
	m essbar
	a ngemessen
	r ealistisch
	t erminiert

Ein präzise formuliertes, auf die Möglichkeiten des Mitarbeiters abgestimmtes (»angemessenes«, »realistisches«) und zeitlich fixiertes Ziel ist ein gute Versicherung gegen befürchtete ›Katastrophen‹ bei der Delegation und sollte Sie ermutigen, einen häufigen Delegationsfehler zu vermeiden, den Ex-Geschäftsführer Dr. Jürgen Lürssen als »die interessanten Sachen selbst machen und die Mitarbeiter nur die uninteressanten machen zu lassen« beschreibt. Das Schreiben eines Protokolls, das Erstellen einer Absatzstatistik oder die lästige Organisation des Caterings für ein Abteilungstreffen abzugeben ist keine besondere Delegationskunst, eine umfassende Marktanalyse oder ein neues Produktkonzept aus der Hand zu geben schon eher. Denken Sie daran: Ihr Job ist es, dafür zu sorgen, dass die Dinge getan werden – nicht, alles selbst zu tun.

»Es gibt immer tausend Dinge, mit denen ich mich beschäftigen könnte. Ich überlege jedes Mal eine Minute und frage mich: Kann das nicht jemand anderer machen, kann ich das nicht delegieren?«, erklärt Bankenvorstand Thomas B. Dabei liegt die Verantwortung für das, was in Ihrer Abteilung geschieht, selbstverständlich nach wie vor bei Ihnen – sich bei Pannen hinter einem Mitarbeiter zu verschanzen, weckt Zweifel an Ihrer Führungskompetenz. Grund genug, wohl überlegt vorzugehen.

An wen können Sie delegieren? »Ich würde ja gerne delegieren, aber ich habe niemanden, dem ich X oder Y anvertrauen könnte!«, lautet vermutlich eine der häufigsten Ausreden. Spätestens, wenn Sie bis in den späten Abend mit »Xen« und »Ypsilons« beschäftigt sind, sollten Sie in sich gehen. Wenn Sie Ihre Mitarbeiter nie fordern, werden Sie auch nicht herausbekommen, was diese tatsächlich leisten können.

Zum einen ist es natürlich wichtig, die Fähigkeiten und Stärken Ihrer Mitarbeiter zu kennen und Ihre Delegation darauf abzustimmen. Warum sollten Sie den innovativsten Kopf in Ihrem Team just mit einer Aufgabe betrauen, die vor allem Akribie und Sorgfalt verlangt, während gleichzeitig Ihr penibelster Mitarbeiter über einem Konzept brütet? (Vgl. dazu »Stärken ermitteln«, Seite 57 ff.) Zum anderen ist es eine Binsenweisheit, dass Menschen mit Ihren Aufgaben wachsen. Wenn Sie beim Delegieren immer auf

Nummer sicher gehen, nehmen Sie Ihren Mitarbeitern eine Chance, sich weiterzuentwickeln.

Im Kennenlerngespräch (vgl. Seite 42 f.) und durch die Zusammenarbeit der ersten Wochen und Monate werden Sie sich ein differenziertes Bild der Kompetenzen Ihrer Leute machen und ein Gespür dafür bekommen, worin jemand »gut ist«. Halten Sie Ihre Eindrücke stichwortartig fest und berücksichtigen Sie Ihre Notizen bei der Verteilung anstehender Aufgaben. Hilfreich kann gerade in der Anfangszeit auch eine Tabelle sein, in der Sie anstehende Aufgaben und Mitarbeiterqualifikationen einander zuordnen.[58]

Aufgabe / Name	Marketingkonzeption für Produkt X	Firmenpräsentation für Auftritt auf Jobmesse	Flyer für Y entwickeln	Konkurrenzanalyse für Z erstellen
Mitarbeiter 1		PowerPoint	gute Mac-Kenntnisse	arbeitet sehr akribisch
Mitarbeiter 2	gute Ideen im Bereich Produktentwicklung	PowerPoint; gute eigene Präsentation bei …		
Mitarbeiter 3	will »stärker konzeptionell« arbeiten		gute Mac-Kenntnisse	
Mitarbeiter 4			2 Jahre Erfahrung Werbeagentur	hat Analyse für … erstellt.

Übersicht für Delegationsentscheidungen

Je besser Aufgabe und Mitarbeiter zueinander »passen«, desto eher können Sie gute Ergebnisse erwarten und desto leichter wird Ihnen das Delegieren vermutlich fallen. Dennoch sollten Sie sich nicht nur auf Ihre guten Leute verlassen, warnt Personalleiterin Paula S.: »Gefährlich ist, seine Leistungsträger immer weiter vollzupacken. Das führt dazu, dass man irgendwann mit einem Kernteam von Leuten die ganze Arbeit macht, und der Rest ruht sich aus. Die Versuchung ist groß, denn den guten Mitarbeitern braucht man nicht viel zu erklären. Aber wenn man ihnen immer mehr draufpackt, werden irgendwann auch die Leistungsträger auf die Seite fallen und nicht mehr können. Man muss auf solche Leute eher ein bisschen aufpassen – dass sie sich nicht zu viel aufhalsen und selber verbrennen.«

Anstehende Aufgaben sollten einigermaßen gleichmäßig auf das Team verteilt werden, und Sie sollten in den sauren Apfel beißen, weniger qualifizierten (oder engagierten?) Mitarbeitern durch höheren Erklärungsaufwand und gezielte Hilfestellung neue Arbeitsinhalte zu eröffnen. Hierzu gehört auch die gemeinsame Planung von Weiterbildungsangeboten, die Sie im ersten Schritt ebenfalls mit einer aufgabenbezogenen Tabelle angehen können: Für welche Bereiche sind angesichts anstehender Projekte und unter Berücksichtigung der im Team bereits vorhandenen Kompetenzen gezielte Fortbildungen sinnvoll?

Wie delegieren Sie richtig? Erfolgreiche Delegation steht und fällt mit einer umsichtigen Übergabe der Aufgabe. Von Routineaufgaben und »Kleinaufträgen« einmal abgesehen setzt dies ein strukturiertes Übergabegespräch voraus: Welches Ziel soll erreicht werden? Bis wann? Welche Informationen braucht der Mitarbeiter? Welche Befugnisse hat er? und weitere Fragen werden hier geklärt. Einen Überblick gibt die »Checkliste Delegieren« auf Seite 163. Wesentlich ist, dass mit dem Mitarbeiter nicht nur die erwarteten Ergebnisse, sondern auch seine Entscheidungskompetenzen abgestimmt werden: Was liegt in seiner Hand, wann ist Rücksprache erforderlich?

Im Gespräch hat der Mitarbeiter Gelegenheit zu Rückfragen, außerdem sollten Sie sich mit ihm über Kontrollmechanismen verständigen. Wann wäre eine erstes Feedback-Gespräch aus Ihrer wie seiner Sicht hilfreich? Je unerfahrener der Mitarbeiter und/oder je komplexer die Aufgabe ist, desto mehr Hilfestellung werden Sie ihm im Vorfeld geben und desto intensiver werden Sie seine Arbeit begleiten. Ein grobes Raster für diese differenzierte Form des Delegierens bietet Blanchards situatives Führungsmodell, das Sie auf Seite 47 ff. kennen gelernt haben.

Mit anderen Worten: Sie haben es in der Hand, wie stark Sie loslassen. Statt eine Aufgabe selbst zu erledigen, weil angeblich niemand außer Ihnen sie ausführen kann, verständigen Sie sich lieber mit dem Mitarbeiter über Teiletappen und -ziele und behalten Sie auf diese Weise die Fäden etwas stärker in der Hand. Durchsichtigen Versuchen der Rückdelegation (»Chef, ich komme einfach nicht klar – könnten Sie vielleicht …?«) beugen Sie am besten dadurch vor, dass Sie Ihrem Mitarbeiter zumindest Lösungsansätze abverlangen. Oder sollten Sie so eitel sein, dass Sie nur zu gern die eigene Überlegenheit demonstrieren und das Ruder wieder an sich reißen?

1. Delegationsentscheidung
- Aufgabe präzisieren: Worum geht es genau? Was ist das zu erreichende Ziel?
- Kann die Aufgabe delegiert werden, oder gehört sie zu Ihren Führungsaufgaben?
- Welcher Ihrer Mitarbeiter eignet sich aufgrund seiner Erfahrung/ seiner Kompetenzen/seiner aktuellen Arbeitsbelastung?

2. Übergabegespräch mit dem/der Mitarbeiter/in
- Worum geht es bei der Aufgabe?
- Welches Ergebnis erwarten Sie? (Ziel präzisieren!)
- Wie viel Zeit steht zur Verfügung? (Bis wann soll die Aufgabe erledigt sein?)
- Was für Informationen braucht der/die Mitarbeiter/in?
- Welche Ressourcen stehen zur Verfügung?
- Welche Befugnisse und Entscheidungskompetenzen hat er/sie?
- Welche anderen Abteilungen sind involviert (und durch sie vorinformiert)?
- (Wann) Wollen Sie über Zwischenstände informiert werden? (ggf. Termine vereinbaren)

- Hat der/die Mitarbeiter/in Fragen?
- Braucht er zusätzliche Informationen?
- Sieht er/sie irgendwo Probleme?
- Wann hält der/die Mitarbeiter/in ein erstes Feedback-Gespräch für sinnvoll?
- Bei anspruchsvollen Aufgaben: Jederzeit Rat für den Bedarfsfall anbieten!

3. Feedback-Gespräch
- Zeitnah rückmelden: Wie wurde die Aufgabe gelöst?

Was Sie in jedem Fall vermeiden sollten: Ihrem Mitarbeiter ständig über die Schulter zu schauen und ihn durch übertriebene Gängelei zu verunsichern und zu demotivieren. Creative Director Klaus Schwope unterstreicht: »Natürlich geht einem als Führungskraft dieser Standpunkt immer mal wieder durch den Kopf: ›Ich kann dies oder jenes nicht abgeben, dann wird es nicht gut genug gemacht.‹ Aber ich denke, man strahlt diese Einstellung dann aus, und sie überträgt sich auf die Mitarbeiter. Man verunsichert die Mitarbeiter, und infolgedessen kommen wirklich nicht die Ergebnisse zustande, die man sich erhofft hat. Ich habe die Erfahrung gemacht: Je mehr Selbstvertrauen und Mut und Zuversicht man einem Mitarbeiter mit einer Aufgabe auf den Weg gibt, desto eher wird man auch gute Lösungen zurückbekommen.« Die alte Erkenntnis der ›self-fulfilling prophecy‹ lässt grüßen. Beschränken Sie sich deshalb auf Kontrollen der Ziele oder Teilziele und akzeptieren Sie, dass man auf verschiedenen Wegen zum Ziel kommen kann.

Zugegeben: »Kontrolle« klingt ziemlich autoritär, und manch ein Chef tut sich vielleicht deshalb schwer damit. Wie wichtig allerdings zeitliche Abstimmung und konstruktives Feedback sind, unterstreicht Programmleiter Werner M.: »Auch die Kontrolle sollte ich wohl ernster nehmen: Ich bin von meinem Arbeitsstil her nicht so der Terminsetzer und Terminüberwacher, da bin ich nicht exakt genug. Dadurch passieren Dinge, die eigentlich nicht passieren sollten – dass Ergebnisse später kommen oder gar nicht kommen. Außerdem interpretieren die Mitarbeiter das zum Teil so, als seien mir die Sachen nicht so wichtig. Da bekomme ich dann zu hören: ›Sie haben da einen Impuls gesetzt, uns angestachelt, und dann fragen Sie monatelang nicht nach – was soll das eigentlich?!‹ Das ist zweifellos eine Schwäche, an der ich zu arbeiten versuche.« Richtig verstanden ist Kontrolle als unerlässlicher Bestandteil der Delegation eben keine lästige Gängelei, sondern garantiert reibungsarme Abläufe und vermittelt den Mitarbeitern die nötige Sicherheit.

Fazit aus der Praxis

> Nicht delegierbar sind originäre Führungsaufgaben (Mitarbeiterführung, Planung, Abteilungsorganisation usw., ferner vertrauliche und heikle Angelegenheiten).
> Delegierbar sind alle anderen Aufgaben, die Sie zielorientiert präzisieren können und für die Ihre Mitarbeiter Kompetenzen haben – oder mit Ihrer Hilfe entwickeln können!
> Delegieren Sie nicht nur Routine- und Einzelaufgaben. Erst durch das Abgeben anspruchsvoller, herausfordernder Tätigkeiten wird Delegation zum Motivationsinstrument.
> Richtig delegieren heißt: ein klares Ziel abstimmen, die nötigen Informationen, Ressourcen und Entscheidungsbefugnisse übertragen und sich auf Zielkontrolle zu beschränken.

> Verständigen Sie sich mit dem Mitarbeiter in einem Übergabe-
gespräch über das zu erreichende Ziel, Termine und das Ausmaß
Ihrer Unterstützung, das der Mitarbeiter braucht. Bei sehr anspruchsvollen Aufgaben oder unerfahrenen Mitarbeitern macht es
Sinn, das Ziel in Teilziele/Etappen zu zerlegen und sich regelmäßig
über Zwischenstände auszutauschen.

> Vermeiden Sie es, wichtige Dinge ausschließlich wenigen (Ihren
»besten«) Mitarbeitern zu übertragen. Betrachten Sie die Delegation anspruchsvoller Aufgaben als Instrument, Mitarbeiter zu fördern.

> Kontrolle ist kein autoritärer Gestus, sondern – verstanden als Ziel-
bzw. Ergebniskontrolle – unerlässlich als Feedback für Ihren Mitarbeiter sowie zur Sicherung der Zielerreichung in Ihrer Abteilung.

Lohnende und weniger lohnende Projekte

Der Arbeitsdruck ist hoch, gleichzeitig erwartet man Erfolge von Ihnen –
Grund genug, die Kräfte zu bündeln und sich möglichst nicht in Projekten
zu verschleißen, die Ihnen wenig Lorbeeren einbringen. Erfahrene Führungskräfte haben eine Antenne dafür entwickelt, wo sich starker Einsatz
lohnt und wo eher Vorsicht geboten ist. »Es gibt tatsächlich Projekte, da
können Sie nur verlieren – zum Beispiel, weil eine Sache schon mehrfach
probiert worden und jedes Mal gescheitert ist, oder weil absehbar ist, dass
man für ein vergleichsweise kleines Ergebnis hohen Aufwand treiben muss,
oder weil man vorhersehen kann, dass 90 Prozent der Leute, die es betrifft,
gegen das Projekt sein werden, gegen die Änderungen, die es herbeiführen
soll«, warnt etwa Dr. Monika S., langjährige Marketingleiterin in einem großen Chemieunternehmen.

Wenn Sie neu im Unternehmen sind, ist es naturgemäß schwierig, diese
Projekte auf Anhieb zu erkennen. Dr. Monika S.: »Für solche ›Loser-Pro-
jekte‹ braucht man ein gewisses Frühwarnsystem, zu dem auch das hausinterne Netzwerk gehört. Dass einem also jemand einen Hinweis gibt, wenn
man selber nicht merkt, wie heikel ein Projekt ist.« Vornehme Zurückhaltung im Kollegenkreis bei der Zuweisung der Projektverantwortung kann
ein Signal sein, sich besser nicht zu sehr um eine Aufgabe zu reißen. Zurückhaltung ist also Trumpf. Ausnahme: Sie sitzen fest im Sattel und sind –
aus guten Gründen, also aufgrund Ihrer Fachkompetenz, Ihrer praktischen

Erfahrung und Ihrer Einschätzung der politischen Unternehmenssituation – überzeugt, ein heikles Projekt zum Erfolg führen zu können. Dann bietet die Bewältigung einer solchen Herausforderung eine gute Chance, sich positiv zu profilieren. Personalleiterin Paula S. hat auf diese nicht ganz risikolose Strategie gesetzt: »Ich persönlich habe auch oft ›hier‹ geschrien, wenn es schwierige Projekte gab, bei denen schon vorher Wetten angenommen wurden, ob's schief geht. Das war für mich immer ein besonderer Anreiz. Ein solcher Fall war, als ich im Medienkonzern eine Dienstleistung outsourcen wollte. Dazu gab es Widerstand vom Betriebsrat, und auch die Unternehmensleitung war skeptisch. Meine Meinung war, es würde sich rechnen, und ich weiß noch wie heute: Am entscheidenden Verhandlungstag kam mein Chef zu mir und meinte: ›Ich wollte nur sagen, für den Fall, dass es schief geht – trotzdem tolle Arbeit!‹ Ich habe nur gesagt: ›Wieso schief gehen?‹ Für mich war ganz klar: Das geht nicht schief. Ging es übrigens auch nicht.«

Neben Projekten mit geringen Erfolgschancen oder solchen, die bestens geeignet sind, sich im Kollegenkreis Feinde zu machen, ist eine weitere Projektkategorie wenig karrierefördernd: Vorhaben, die nicht in direktem Zusammenhang mit dem wirtschaftlichen Erfolg des Unternehmens stehen. Professor Jürgen Lürssen, Ex-Geschäftsführer im Konsumgüterbereich, spricht von »Feigenblattprojekten«, die »dem Top-Management egal sind und die nur gemacht werden, weil man sie machen muss, zum Beispiel ein Öko-Projekt oder ein Gleichberechtigungs-Projekt – also Vorhaben, die politisch korrekt sind, von denen aber niemand glaubt, dass sie für das Unternehmen wirklich wichtig sind.«

Projekte, die Umsätze steigern, Kosten einsparen, Produktionszeiten verringern oder neue Kundengruppen erschließen, werden – allen Lippenbekenntnissen zum Trotz – eben doch als relevanter eingestuft als primär imagefördernde oder eben für politisch opportun gehaltene Maßnahmen. Das schlägt sich häufig auch in den Personen nieder, die mit zweitrangigen Projekten betraut werden: Wenn etwa jemand, der firmenintern aufs Abstellgleis geraten ist, mit einem Ökoprojekt »beschäftigt« wird. Je höher ein Projekt dagegen im Unternehmen gewichtet wird, desto eher wird es Sie auch persönlich voranbringen: »Karrierefördernd sind alle Projekte, in denen man seine Managementkompetenz zeigen kann – und wo das Top-Management auch hinschaut, weil das Projekt wichtig für das Unternehmen ist. Managementkompetenz heißt die Fähigkeit, Macht aufzubauen und andere zu führen, insbesondere auch Gleichgestellte, denen gegenüber man nicht weisungsbefugt ist. Wenn man zum Beispiel bei der Entwicklung eines neuen Produktes die Projektleitung hat und es dort durch gutes Management schafft, Gleichgestellte so einzubinden, dass das Projekt termingerecht und im Kostenrahmen realisiert wird, wirkt das extrem karrierefördernd.« (Dr. Jürgen Lürssen)

Relevanz für das Unternehmen, realistische Erfolgsaussichten, wirtschaftlicher Nutzen – so lassen sich die Rahmenbedingungen lohnender Projekte zusammenfassen. Und noch ein Tipp von Jürgen Lürssen: »Ob etwas wichtig ist, kann man zum Beispiel daran erkennen, dass regelmäßig Zwischenberichte verlangt werden, dass Termindruck herrscht – und auch daran, wer nach den Zwischenergebnissen fragt.«

Wie schaffen Sie es, von weniger attraktiven Projekten verschont zu bleiben? Vielleicht mit einem simplen Trick, der sich schon in Schule und Universität bewährte, wenn unangenehme Aufgaben im Raum standen und ein geeignetes Opfer ausgeguckt wurde: »… besser den Mund halten. Wer gleich mit Verbesserungsvorschlägen und Anregungen kommt, wenn so ein Projekt im Raum steht, den trifft es dann meistens. Also in der Versenkung verschwinden und hoffen, dass der Kelch an einem vorbeigeht. Wenn man trotzdem angesprochen wird, muss man eben ein paar schlaue Argumente parat haben, warum man bei aller Fachkompetenz in diesem Fall nicht die geeignete Wahl ist,« empfiehlt Dr. Monika S.

Im schlimmsten Fall können Sie immer noch abwägen, wie viel Kraft Sie tatsächlich in eine Aufgabe investieren. Dr. Jürgen Lürssen: »Man kann so ein Projekt ja mit vollem Elan durchziehen oder auch nur pro forma. Schwierigkeiten gibt es immer genug, mit denen man begründen kann, warum man noch nicht weitergekommen ist.« Je nach politischer Großwetterlage im Unternehmen – Wer steht hinter dem Projekt, wie mächtig ist diese Person oder Gruppe, wie ist deren Verhältnis zum eigenen direkten Vorgesetzen? – können Sie den Aufwand, den Sie betreiben, dosieren; eine Strategie, die naturgemäß umso risikoloser ist, je mehr Erfolge Sie in anderen Bereichen vorzuweisen haben. Eines sollten Sie allerdings in jedem Fall beherzigen, wenn Sie an einem Fortkommen im Unternehmen interessiert sind: »Never criticize a PPP, a President's Pet Project!« Für Lieblingsprojekte des Vorstandes gelten andere Regeln …

Fazit aus der Praxis

> Lohnende (die Karriere fördernde) Projekte zeichnen sich durch Relevanz für das Unternehmen, realistische Erfolgsaussichten und wirtschaftlichen Nutzen aus.

> Vorsicht geboten ist bei Projekten, deren Zielsetzung bereits in mehreren Anläufen verfehlt wurde, oder solchen, die bei potenziellen Projektmitarbeitern und -betroffenen auf starken Widerstand stoßen werden.

> Wenig attraktiv sind außerdem Projekte, die zwar politisch opportun sind, wirtschaftlich gesehen jedoch ohne Belang.

> Unattraktive Projekte gehen am ehesten an Ihnen vorbei, wenn Sie bei der Suche nach einem Projektverantwortlichen auf Tauchstation gehen und gute ›Sachargumente‹ gegen Ihre Mitarbeit parat haben.

> Wird Ihnen dennoch ein weniger lohnendes Projekt übertragen, sollten Sie sorgfältig abwägen, wie viel Kraft Sie in diese Aufgaben investieren.

Auf einen Blick:
Die 13 häufigsten Einstiegsfallen

Wer das erste Knopfloch verfehlt,
kommt mit dem Zuknöpfen nicht zu Rande.
JOHANN WOLFGANG VON GOETHE

1. Sich rasch profilieren wollen

Auch wenn der Erfolgsdruck in der neuen Position hoch ist: Zwei bis drei Monate werden Sie mindestens brauchen, um sich einen ersten Überblick zu verschaffen. Wenn Sie ohne gründliche Kenntnis des Status quo Veränderungen anstoßen, bauen Sie unnötig Fronten auf: Erstens werden Sie zwangsläufig strategische Fehler begehen, zweitens wird man Respekt vor dem Bestehenden vermissen.

Expertentipp: »Meine Empfehlung ist, in den ersten Monaten erst mal den Ball flach zu halten und zu gucken: Wo ist man wirklich? Was ist der Auftrag? Wie ist die Rolle? Wie war es mit dem Vorgänger? Sitze ich in irgendeinem Fettnapf? Und wenn ja, wie merke ich das überhaupt?« (Paula S.)

2. Unternehmenskultur nicht beachten

Jedes Unternehmen ist anders. Wenn Sie von einem Mittelständler zu einem Konzern wechseln (und umgekehrt), droht ein echter Kulturschock, aber selbst Firmen derselben Branche und vergleichbarer Größe können hinsichtlich praktisch gelebter Werte und Verhaltensnormen, Informationspolitik und Umgangston, Stellenwert und Handlungsspielraum verschiedener Abteilungen große Unterschiede aufweisen. So nützlich Erfahrungswissen ist: Schließen Sie nicht automatisch von wenigen Details auf Altbekanntes.

Expertentipp: »Es ist ganz wichtig, dass die Kultur passt.« (Paula S.)

3. Interne Machtstrukturen übersehen

Die offizielle Firmenhierarchie ist nur die halbe Wahrheit. Wer realiter wie viel Einfluss besitzt, werden Sie erst nach Monaten durchschauen. Vergangene Erfolge oder Misserfolge, großer oder kleiner Etat, gute oder schlechte Beziehungen zum Topmanagement sind nur einige der Faktoren, die über die tatsächliche Machtposition im Firmengefüge entscheiden.

Expertentipp: »Wie viel Macht oder Einfluss jemand hat, hängt (...) nur zum Teil von seiner Position im Organigramm ab. (...) Und solange ich nicht weiß, wie viel Macht jemand hat, vermeide ich unnötige Angriffe oder Konfrontationen.« (Dr. Jürgen Lürssen)

4. Fachaufgaben überbewerten, Mitarbeiter vernachlässigen

Wer in eine Führungsposition geholt wird, hat zuvor fachlich überzeugt. Und das wahrscheinlich auch deshalb, weil er sein Fachgebiet liebt und dort zielstrebig Sacherfolge anstrebte. Jetzt müssen sich die Prioritäten ändern – oberste Chefpflicht sind übergeordnete Managementaufgaben und Mitarbeiterführung. Diese Umstellung muss man bewusst vollziehen.

Expertentipp: »Ganz entscheidend ist, dass man seine Fürsorgepflicht gegenüber den Mitarbeitern nicht vernachlässigt. Auch wenn man eine Führungsposition wegen seiner fachlichen Qualifikation bekommt: Wenn man erst einmal in der Position ist, muss man beweisen, dass man auch die eigentlichen Führungsaufgaben bewältigt.« (Klaus Schwope)

5. Auf einfache Führungsrezepte vertrauen

Standardrezepte versagen, weil jeder Mitarbeiter anders ist, eigene Stärken und Schwächen, Bedürfnisse und Ziele hat. Diese auszuloten ist wesentliche Führungsaufgabe. Was für Kompetenzen bringt ein Mitarbeiter mit? Wie ambitioniert ist er? Wie viel Handlungsfreiraum, wie viel persönliche Zuwendung schätzt er? Wie zuverlässig ist er? Individuell auf Mitarbeiter eingehen heißt auch: Kooperativität ist nicht in jeder Situation der Königsweg.

Expertentipp: »Man muss sehr individuell führen: Man muss mit den Mitarbeitern herausfinden, wo sie selber hinwollen, man muss ihnen klarmachen, was sie dafür tun müssen, und man muss sie auch individuell beurteilen.« (Dr. Monika S.)

6. Zentrale Motivationsfaktoren ignorieren

Gute Arbeitsbedingungen und ein Klima persönlicher Wertschätzung sind der Schlüssel zur Motivation – nicht etwa zusätzliche Incentives oder Boni. Gestaltungsfreiräume und das Gefühl, vom Vorgesetzten ernst genommen und geschätzt zu werden, bilden zentrale Motivationsfaktoren. Konkret wird dies durch gemeinsame Zielabstimmungen und kluge Delegation einerseits, durch Aufmerksamkeit, Interesse und respektvollen Umgang im Alltag andererseits.

Expertentipp: »Man muss Mitarbeiter eigentlich nicht motivieren, man muss nur aufpassen, dass man sie nicht demotiviert.« (Frank Spandl)

7. Halbherzig delegieren

Angst, die Kontrolle zu verlieren, Fachverliebtheit, Perfektionismus – Delegationsbremsen gibt es genug. Und dennoch: Wer primär uninteressante Routinetätigkeiten abgibt und Mitarbeiter bei der Ausführung herausfordernder Aufgaben gängelt, darf sich nicht wundern, wenn der eigene Schreibtisch überquillt und Demotivation um sich greift.

Expertentipp: »Man muss lernen, loslassen zu können. (…) Ich habe die Erfahrung gemacht: Je mehr Selbstvertrauen und Mut und Zuversicht man einem Mitarbeiter mit einer Aufgabe auf den Weg gibt, desto eher wird man auch gute Lösungen zurückbekommen.« (Klaus Schwope)

8. Kritik und Konflikte scheuen

Vorsicht vor Vogel-Strauß-Politik: Probleme, die Sie nicht angehen, eskalieren. Das gilt sowohl für Konflikte, die Sie unter den Teppich kehren, als auch für Fehlverhalten von Mitarbeitern, das Sie nicht zeitnah thematisieren. Entscheidend ist nicht das *Ob*, sondern das *Wie*. Formulieren Sie Kritik sachlich und konkret, vermeiden Sie Pauschalattacken oder persönliche Angriffe. Holen Sie die Konfliktparteien an einen Tisch und erarbeiten Sie gemeinsam Lösungen.

Expertentipp: »Wenn man Konflikte schwelen lässt, riskiert man, dass Sie sich hochschaukeln und im schlimmsten Fall zur Spaltung der ganzen Gruppe führen.« (Klaus Schwope)

9. Den eigenen Chef nicht einbinden

Ihr Vorgesetzter ist Ihr wichtigster Verbündeter im Unternehmen: Sie brauchen seine Rückendeckung für kontroverse Maßnahmen und seine Unterstützung, wenn Sie im Unternehmen weiterkommen wollen. Ihn zu brüskieren, ihn in wichtige Planungen nicht einzubinden oder sich in Grundsatzfragen zu entzweien, führt in der Regel ins Karriereabseits.

Expertentipp: »Wer es nicht schafft, zum direkten Vorgesetzten ein gutes Verhältnis aufzubauen, wird normalerweise keine Karriere machen.« (Dr. Jürgen Lürssen)

10. Kein Netzwerk zu Kollegen knüpfen

Kollegen auf gleicher Augenhöhe sind beides: potenzielle Konkurrenten und potenzielle Bündnispartner. Das verlangt Ihnen eine heikle Gratwanderung ab, denn einerseits müssen Sie Ihre Interessen wahrnehmen und Durchsetzungsstärke beweisen, andererseits brauchen Sie gute Kontakte im Unternehmen. Freundlichkeit und Kooperationsbereitschaft im Alltagsgeschäft sind daher ebenso gefragt wie entschiedenes Auftreten in Konfliktsituationen.

Expertentipp: »Man kann sehr kollegial sein, sehr partnerschaftlich, aber in dem Moment, wo jemand in meinen Bereich, mein Revier eindringt, muss man klar und deutlich sagen: Nein. Und das auch mit einer gewissen Aggressivität.« (Werner M.)

11. Entscheidungsprozesse nicht durchschauen

Sie verbringen jede Menge Zeit in Meetings. Offiziell wird dort sachlich diskutiert, um anschließend rational begründete Entscheidungen zu fällen. In der Praxis sind viele Entscheidungen nicht rational motiviert, sondern das Ergebnis von Einzelinteressen und Machtkämpfen, und viele Diskussion verlaufen alles andere als sachlich. Außerdem gehen den meisten Meetings interne Abstimmungsprozesse hinter den Kulissen voraus. Suchen Sie sich daher rechtzeitig Bündnispartner, um wichtige Entscheidungen vorzubereiten, und gehen Sie souverän mit gängigen Verfahrenstricks und rhetorischen Kunstgriffen um.

Expertentipp: »In den Köpfen der Mächtigen steht die Entscheidung meist schon fest, bevor im Gremium darüber geredet wird.« (Dr. Jürgen Lürssen)

12. Sich als Frau selbst ein Bein stellen

Finden Sie sich damit ab, dass Sie es nie allen recht machen werden – als Führungskraft generell nicht und als *weibliche* Führungskraft schon gar nicht. Auch zu Beginn des dritten Jahrtausends gibt es Leute, die Sie insgeheim in die Küche (oder zumindest ins Sekretariat) zurückwünschen. Werten Sie Rollenklischees nicht dadurch auf, dass Sie sich auf Diskussionen über »Frauenfragen« einlassen. Verschließen Sie nicht die Augen davor, dass die Spielregeln der Karriere noch männlich bestimmt sind – spielen Sie mit, wo es nötig ist. Machen Sie einen Bogen um klassische Frauenfallen wie Perfektionismus oder Bescheidenheit. Verlassen Sie Unternehmen, in denen Frauen erkennbar nichts werden können.

Expertentipp: »Man muss den richtigen Weg zwischen Sensibilität und dickem Fell finden.« (Dr. Monika S.)

13. Sich vom Job auffressen lassen

Erfolgreiche Führung schließt die Führung der eigenen Person ein. Konkret heißt das: der Arbeit Grenzen setzen, für den nötigen Ausgleich sorgen, private Freiräume erhalten. Wer für den Job lebt, verdrängt, dass auch sein Job übermorgen schon zur Disposition stehen kann und dass rücksichtslose Selbstausbeutung früher oder später gesundheitliche oder psychische Probleme nach sich zieht.

Expertentipp: »Es ist ganz wichtig, sich nicht zum Sklaven seines Betriebes zu machen.« (Thomas B.)

Literaturempfehlungen

Petra Begemann: **Der erste Führungsjob.** Wie Sie sich durchsetzen – wie Sie Fehler vermeiden. Frankfurt a.M. 2000.
Schwerpunkt: heikle Situationen im ersten Führungsjob und wie man sie meistert.

Petra Begemann: **Den Chef im Griff.** Wie Sie klarkommen – wie Sie Ihre Ziele durchsetzen. Frankfurt a.M. 2000.
Schwierige Chefs – und wie man sie ›erziehen‹ kann.

Sonja Bischoff: **Männer und Frauen in Führungspositionen der Wirtschaft in Deutschland.** Neuer Blick auf einen alten Streit. Köln 1999 (= Schriftenreihe der DGFP 60)
Eine empirische Studie zur Situation des Mittelmanagements: Wie schätzen Männer und Frauen ihr Führungsverhalten ein? Wie viel verdienen Sie? Wie ist Ihre private Situation? und zahlreiche weitere Fragen.

Marcus Buckingham/Curt Coffmann: **Erfolgreiche Führung gegen alle Regeln.** Wie Sie wertvolle Mitarbeiter gewinnen, halten und fördern. Frankfurt a.M. 2001.
Ergebnisse einer Gallup-Langzeitstudie, Schlüsselfrage: Worauf legen Mitarbeiter wirklich Wert?

Kenneth Blanchard/Patricia Zigarmi/Drea Zigarmi: **Der Minuten-Manager: Führungsstile.** Reinbek b. Hamburg 2001.
Wie geht man mit unterschiedlichen Mitarbeitern am besten um? Ansatz des »situativen Führens«.

Thomas Gordon: **Managerkonferenz.** Effektives Führungstraining. München 1999.
Kooperative Führung in der Praxis; kommunikationspsychologisch fundiert, beispielreich, 1979 erstmals erschienen und immer noch sehr hilfreich.

Hedwig Kellner: **Sind Sie eine gute Führungskraft?** Was Mitarbeiter und Unternehmen wirklich erwarten. Frankfurt a.M. 1999.
Die Unternehmensberaterin kreist die Frage der Führungseignung aus

unterschiedlichen Perspektiven ein und bietet ausführliche Tests zu Füh-rungsmotivation und Arbeitsstil.

Jürgen Lürssen: **Die heimlichen Spielregeln der Karriere.** Wie Sie die unge-schriebenen Gesetze am Arbeitsplatz für Ihren Erfolg nutzen. Frankfurt a.M. 2001.
Der Autor weiht in die Gesetze der »Büropolitik« ein: Worauf basieren Macht und Einfluss im Unternehmen? Wie macht man Karriere? Wodurch manövriert man sich ins Abseits?

Fredmund Malik: **Führen, Leisten, Leben.** Wirksames Management für eine neue Zeit. München 2001.
Schlüsselfrage: Was zeichnet »wirksame« Führungskräfte aus? Pointiert und lesbar.

Klaus Pawlowski/Hans Riebensahm: **Konstruktiv Gespräche führen.** Fä-higkeiten aktivieren, Ziele verfolgen, Lösungen finden. Reinbek b. Ham-burg 2000.
Umfassender Überblick zu den Mechanismen menschlicher Kommunika-tion, mit zahlreichen Beispielen aus der Berufspraxis.

Friedemann Schulz von Thun/Johannes Ruppel/Roswitha Stratmann: **Mit-einander reden: Kommunikationspsychologie für Führungskräfte.** Rein-bek b. Hamburg 2000.
In welche Kommunikationsfallen sollten Sie als Führungskraft nicht tap-pen?

Wolfgang Schur/Günter Weick: **Wahnsinnskarriere.** Wie Karrieremacher tricksen, was sie opfern, wie sie aufsteigen. Frankfurt a.M. 1999.
Ein satirischer (und äußerst unterhaltsamer) Crashkurs für angehende Kar-rieristen.

Lothar J. Seiwert: **Life-Leadership.** Frankfurt a.M. 2001.
Zeitmanagement-Papst Seiwert stellt die Frage nach der Lebensorganisation neu: Wie erreicht man die Balance unterschiedlicher Lebensbereiche?

Reinhard K. Sprenger: **Mythos Motivation.** Wege aus einer Sackgasse. Frankfurt a.M. 2000.
Mittlerweile ein Klassiker – zu einer klassischen Führungsfrage.

Deborah Tannen: **Job-Talk.** Wie Frauen und Männer am Arbeitsplatz miteinander reden. München 1997.
Was unterscheidet die Gesprächsstile von Frauen und Männern? Die bekannte Soziolinguistin lässt zahlreiche Untersuchungen in ihre Darstellung einfließen und geht außerdem der Frage nach, welche Nachteile der weibliche Stil im Berufsalltag mit sich bringt.

Henry Walter: **Handbuch Führung.** Der Werkzeugkasten für Vorgesetzte. Frankfurt a.M. 1999 (1. Aufl.1998)
Ein dicker Band zum Nachschlagen: Von Abmahnung bis Zielvereinbarung. Zahlreiche Checklisten.

Anmerkungen

1 Quelle: Bizz 7/99, S. 24f.
2 Quelle: Karrieretag Newsletter vom 08.11.01 (www.karrieretag.de)
3 Douglas McGregor: Der Mensch im Unternehmen. Düsseldorf: Econ, 3. Aufl. 1973.
4 Vgl. zum Beispiel Ruth Pink: Souveräne Gesprächsführung und Moderation, Campus Verlag 2002, S. 55. Der Name »Johari-Fenster« ist ein Akronym aus den Namen der beiden Urheber, Joe Luft und Harry Ingham.
5 Hedwig Kellner: Karrieresprung durch Selbstcoaching. Frankfurt a.M.: Campus 2001, S. 116 ff.
6 Daniel Goeudevert: Wie ein Vogel im Aquarium. Aus dem Leben eines Managers. Berlin: Rowohlt 1996.
7 So der Untertitel des gemeinsam mit Patricia und Drea Zigarmi verfassten Buches »Der Minuten-Manager: Führungsstile«. Reinbek bei Hamburg: Rowohlt 2001.
8 Ebd., S. 51.
9 Eine Übersicht des Reiss'schen Ansatzes gibt »Psychologie heute«, Heft 3/2001, S. 20ff.
10 Vgl. Reinhard K. Sprenger: Mythos Motivation. Frankfurt: Campus, S. 26ff.
11 Fredmund Malik: Führen, Leisten, Leben. München: Heyne 2001. Die übrigen Grundsätze aus Maliks Sicht: »Resultatorientierung«, »Beitrag zum (Unternehmens-)Ganzen«, »Konzentration auf Weniges«, »Stärken nutzen« und »Positiv (= konstruktiv) denken«.
12 Ebd., S. 139f.
13 Vgl. z.B. Friedemann Schulz von Thun et al.: Miteinander reden: Kommunikation für Führungskräfte. Reinbek bei Hamburg: Rowohlt, S. 13ff. oder das »Verhaltensgitter« von Blake/Mouton (in: Rainer W. Stroebe: Grundlagen der Führung. Heidelberg: Sauer, S. 86ff.
14 Eine ausführliche Darstellung der Studie geben die Gallup-Mitarbeiter Marcus Buckingham und Curt Coffmann: Erfolgreiche Führung gegen alle Regeln. Wie Sie wertvolle Mitarbeiter gewinnen, halten und fördern. Frankfurt: Campus 2001. Zit. n. ebd., S. 28.
15 Reinhard K. Sprenger, Aufstand des Individuums. Frankfurt: Campus 2000, S. 109 bzw. 112.
16 Ebd., S. 115.

[17] Vgl. Hedwig Kellner: Sind Sie eine gute Führungskraft? Frankfurt: Campus 1999, S. 108ff.

[18] Fredmund Malik: Führen, Leisten, Leben. München: Heyne 2001, S. 250ff.

[19] Quelle: Handelsblatt/Junge Karriere Nr. 5/1999, S. 32.

[20] Quelle: Focus Nr. 14/2002, S. 106.

[21] Quelle: Abraham Maslow: »A theory of human motivation«; in: Psychological Review 1943.

[22] Marcus Buckingham/Curt Coffman: Erfolgreiche Führung gegen alle Regeln. Frankfurt: Campus 2001, S. 28.

[23] Vgl. den Artikel »Kommunikation« in Hadumod Bußmann: Lexikon der Sprachwissenschaft. Stuttgart: Kröner Verlag 1983.

[24] Vgl. zum Beispiel Paul Watzlawick et al.: Menschliche Kommunikation. Bern/Göttingen: Huber, 9. Aufl. 1996, S. 50ff.

[25] Vgl. zum Beispiel Paul Watzlawick: Wie wirklich ist die Wirklichkeit? Wahn, Täuschung, Verstehen. München: Piper 2000.

[26] Vgl. hierzu ausführlicher: Thomas Gordon: Managerkonferenz. Effektives Führungstraining. München: Heyne, 16. Aufl. 1999.

[27] Friedemann Schulz von Thun et al.: Miteinander reden: Kommunikationspsychologie für Führungskräfte, a.a.O., S. 101.

[28] Thomas Gordon: Managerkonferenz, a.a.O.

[29] Vgl. Jürgen Lürssen: Die heimlichen Spielregeln der Karriere. Frankfurt: Campus Verlag 2001

[30] Wolfgang Schur/Günter Weick: Wahnsinnskarriere. Frankfurt: Eichborn Verlag 1999, S. 32.

[31] Hedwig Kellner: PA – Der Karriere-Faktor. Mit Positiver Aggression zum Erfolg. Frankfurt a.M: Eichborn 2000; hier S. 10.

[32] Vgl. zum Beispiel Jürgen Hesse/Hans Christian Schrader: Small Talk. Die Kunst des lockeren Gesprächs. Frankfurt a.M.: Eichborn 2001.

[33] Zit. n. Sabine Asgodom: Leben macht die Arbeit süß. München: Econ 2002, S. 243.

[34] Quelle: Frankfurter Allgemeine Sonntagszeitung, Nr. 8/24.02.02, S. 40f.

[35] Ursula Kleiner, in: Cornelia Topf/Rolf Gawrich: Das Führungsbuch für freche Frauen. München: moderne industrie 2002, S. 11.

[36] Barbara Bierach: Das dämliche Geschlecht. Warum es kaum Frauen im Management gibt. Weinheim: Wiley/VCH 2002.

[37] Sonja Bischoff: Männer und Frauen in Führungspositionen der Wirtschaft in Deutschland. Köln: Bachem 1999, S. 156. Die Zahlen beziehen sich auf das Jahr 1997.

[38] Ebd. S. 118.

39 Ebd., S. 46 und 53f.

40 Ebd. , S. 92.

41 Frankfurter Allgemeine Sonntagszeitung, Nr. 8, 24.02.02, S. 41.

42 Vgl. z.B. Deborah Tannen: Job-Talk. Wie Männer und Frauen am Arbeitsplatz miteinander reden. München: Goldmann Verlag 1997, S. 82f.

43 Dorothea Assig: »Frauenzentrierte Qualifizierung«; in: dies. (Hrsg.): Frauen in Führungspositionen. München: dtv 2001, S. 96.

44 Margit Hertlein: Frauen reden anders. Reinbek bei Hamburg: Rowohlt 1999

45 Deborah Tannen: Job-Talk, a.a.O., S. 166.

46 Zit. n. Dorothea Assig: »Coming in«; in: dies. (Hrsg.): Frauen in Führungspositionen, a.a.O., S. 79.

47 Sonja Bischoff: Männer und Frauen in Führungspositionen der Wirtschaft in Deutschland, a.a.O., S. 131ff.

48 »Souveräne Gelassenheit« zeichnet für Homola-Vorstand Frank Spandl erfolgreiche Führungsfrauen aus; »… häufig sind Frauen nicht gelassen genug, verkrampfter«, bemängelt Programmleiter Werner M., »eine gewisse Lockerheit« vermisst Banken-Vorstand Thomas B.

49 Vgl. Handelblatt vom 4./5.1.2002, S. K1 (»Kurs auf die Chefetage«) sowie den Erfahrungsbericht der Lufthansa-Mitarbeiterin Monika Rühl zum Cross-Mentoring, in: Dorothea Assig (Hg.), Frauen in Führungspositionen, München: dtv, S. 135ff.

50 Vgl. z.B. Maren Fischer-Epe: Coaching: Miteinander Ziele erreichen. Reinbek bei Hamburg: Rowohlt 2002 oder Astrid Schreyögg: Coaching. Eine Einführung für Praxis und Ausbildung. Frankfurt a.M.: Campus 1999.

51 Quelle: Sonja Bischoff: Männer und Frauen in Führungspositionen der Wirtschaft in Deutschland. Köln: Bachem 1999, S. 80.

52 Befragt wurden 6000 Führungskräfte. Quelle: Wirtschaft & Weiterbildung, Nr. 4/1997.

53 Focus 1/2000.

54 Lothar J. Seiwert: Life-Leadership. Frankfurt: Campus 2001, S. 9.

55 Fredmund Malik: Führen – Leisten – Leben. München: Heyne 2001, S. 373ff.

56 Hedwig Kellner: Sind Sie eine gute Führungskraft? Frankfurt: Campus 1999, S. 61.

57 Gordon P. Rabey: Basiswissen für Führungskräfte, Niedernhausen/Ts.: Falken 1997, S. 168.

58 Ein Hinweis, den ich Gordon P. Rabey verdanke, vgl. Basiswissen für Führungskräfte, a.a.O., S. 167 und 64.

Register